U0034933

塔羅一本通

Basic Tarot for Beginners

塔羅超神準，初學最好用

命理大師

伍海燕

—【序言】—
天天幸運塔羅

　　我相信念力、感應，由這股力量貫通人的心靈深處，誠心與靜默讓你帶著等待揭撓的答案，心想事成。

　　傳說中的塔羅從古老的埃及穿越不同的世紀年代，傳遍世界無數的國家至今盛行不息。簡單、快速、精準、明確，對不同的人、事、物做出完整的解答。

　　本書從自己開始尋找你當天的好運，以下介紹四種常用又實在的占卜牌陣供大家參考。二十二牌中有結果牌、問題牌、解決牌、業力感應牌，抽到結果牌，處事成功。抽到問題牌事情就不妙了。抽到解決牌跟著指示去做再看結果。如果抽到業力感應牌，命中注定或好事多磨。任何一種牌陣都適用這個過程。

當你抽完一個牌陣的牌時，先檢視牌性即抽到幾張結果、問題、解決或業力感應牌，事情的成敗、易與難已心中有數。

伍海燕（圓靄）ManDy

第四章

揭開塔羅牌22張牌十大精神層面的神祕面紗

第五章

人才篇

第一節　別人眼中你是什麼位置的人才？

第六章

金錢篇

第一節　我有發橫財的運嗎？

(賭運、中獎、繼承家產、祖產)

第一章

介紹幾種常用實在的
塔羅牌牌陣

第一節
一牌陣

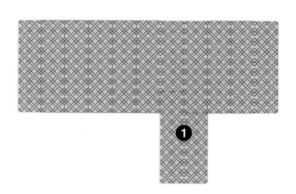

①

　　一牌陣是牌陣中最簡單的解牌方法,生活中碰到簡單、單純的問題就用最簡單的方法來解決。

　　任何一張牌都具有正負一面,看你問的是什麼問題,但最起碼答案就在本牌本意。

第二節

三牌陣

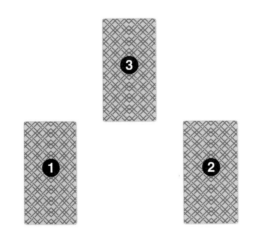

　　三牌陣的實在意義：是把一件事情分三個
階段來完成得到的結果。如下：

　　1. 現在：代表現階段的事情。

2. 未來：代表以後的事情該如何發展，暗
示前一牌所存在的問題和提供解
決問題的方法牌，在這裡稱之運
作牌。

3. 結果：對前面兩張牌的發展過程直到最
後的效益做驗收。

第三節

四牌陣

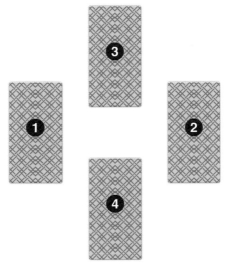

1.過去／2.現在／3.未來／4.結果

四牌陣中的過去牌帶有追溯精神進入後階

段的三個過程，卻是現在、未來、結果的引入源頭。

1. **過去牌**：當初事情在怎樣狀況下發展起來，是否在對的時間、地點、遇上對的人、事很重要，萬事起頭難，這是根源。

2. **現在牌**：面對過去與現在牌所存在的問題，有什麼想法做出下一步的安排。

3. **未來牌**：是按照現在牌的指示進行下一步運作的解決牌，稱解決問題的方法牌。

4. **結果牌**：是進行前三張牌已經過了三個階段的運作後，進行盤點驗收，稱之大結局。

遞補牌陣

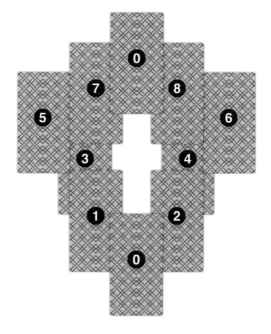

遞補牌陣是指特殊的狀況採取特殊的解決方法。依本人的實踐經驗，跟著感覺走，無須為問卜者設定、佈局哪幾張牌來做牌陣中的內容牌，這叫佈局設定，看狀況，本人不刻意。很誠意的靜默從二十二張大牌中尋找屬於自己最真實的答案。從愚人到世界每張牌都有不尋常的故事，走完人的一生。而世界牌是老佛爺，高壽終結。就是愚人的一生。你屬於牌中哪個階段的人物，就得從中獲取最真實。

按照牌陣上的指示：

0 的上位牌：是選擇後的發展方向牌。

0 的下位牌：是自己開始進行篩選的心情和處境。

遞補牌陣是面對雙重的選擇，無法做正確的決定時，就用此牌陣來進行選擇。

遞補牌陣是從整副牌中抽出十張牌，再將抽出的牌按照牌陣的位置擺放。其中兩張零位牌代表當事人。零的下位牌 →代表當事人開始的心情處境。

　　零的上位牌 →是選擇後的方向牌。

　　不管有沒有自己想要的結果，零的上位牌
會給當事人暗示未來做何打算。

　　牌陣中：

　　單數牌代表 →甲方。

　　雙數牌代表 →乙方。

　　雙方同樣都有四次機會：過去→現在→未
來→結果。如果問感情，過去牌會提醒你們過
去是在怎樣的狀況下認識的，問工作、投資解
牌的內容就不一樣了。

　　方法：洗牌選擇自己習慣的動作，就像撲
克牌一樣洗牌，之後把整副牌攤在桌上。

　　（1）先抽出第一張 →零的下位牌。當事
　　　　　人的開始牌。

　　（2）重新洗牌後再攤在桌上，連抽四張
　　　　　牌 →甲方牌。

　　（3）再重新洗牌後攤在桌上，連抽四張

牌→乙方牌。

（4）最後一次洗牌後攤在桌上，抽出一張牌 →零的上位牌。當事人的結果牌。

（5）記住把所有抽出的牌按照遞補牌陣的位置擺放。再根據抽得的牌意指示，就是你選擇的結果。

　　人的一生很簡單四部曲：衣食住行、衰老病死。理解自然窮通百變。以下就是塔羅牌從愚人開始到世界的幸運過程。

第二章

22張大牌的每張牌
最詳細的解析

愚人
THE FOOL
土

| 愚人 |

天王星 問題牌 心神不定 花心 開始

　　愚人不成熟或返老還童心態，像不懂事的
孩子或衝動的年輕人行為，大部分都披露了，逃避不想扛起責任，大膽、好奇與嘗試，不踏實和不安分守己給自己製造了不少麻煩，像愚人一樣被別人玩弄，自己本身也愛搞怪、惡作劇。面對現實選擇逃避或被迫逃離。

社會與人際是年輕族群的活躍份子，由於思想單純不分階級族群，交友廣闊，即沒有可靠的朋友，往往在交友上易看走眼，把損友小人當朋友，所以在人事上並沒有真正可靠、真心對待你的朋友。

在工作事業上不務實，好玩、冒險、個人喜好，自己喜歡就好，以後的事情不會多想，捉弄了別人之後很會裝萌，耍無辜。愚人的本質似懂非懂，不服輸、讓人無法放心，馬虎不認真、不可靠，經驗不足、沒定性、主管不滿、常換工作。最不適合答應別人自己沒把握的事情。

人物：

瘋子、渴酒的人、放縱的人、搬運工、登山

者。古怪的人、智能不足的人、逃避的人、冷漠的人、觀光客、藝人、遊客、嬰兒、乞丐、遊民、冒險家、愛開玩笑的人、整人專家。

職業：

搬運工、宅配、導遊、導航、航海、地質學、新科技領域、藝術領域、秀場舞會布景。

健康：

精神壓力、神經衰弱、車禍、外傷、風濕、腫瘤、心臟、腎臟、結石、手腳損傷、感冒全身各部位。

處所：

常搬家、居無定所、租房族、鄉村、民宿、旅館、免稅商店、瘋人院、傳說中的地點。

態度：

自己喜歡就好、不必理會他人、我行我素。

感情：

不肯承諾、不想負責、花心、多情的花蝴蝶。

工作：

沒有實力、不勝任、不是你常換工作就是工作換了你。

金錢：

前手接財後手出，不聚財、財來財去、浪費、享受為快。

幸運數字：

0、1、16、19、21、28、46

🌼 愚人的一生

暫時的光明好景不常。

▼ 正位：

旅行、盲目自由、樂觀、居無定所、無憂無慮的、大膽、到處闖蕩、浪費、陶醉。大膽嘗試時尚潮流，敢說敢做，不輕易因別人的言論改變自己的想法和做法，也有成功的機會，雖然富貴不常久但也獲得暫時的成功。眼高手低，能力不足的事不要輕易嘗試。面對關鍵時刻選擇逃避。在職場上由人擺佈或大材小用。

職場：

目前的狀況很難好轉，最好重新整頓，端正態度腳踏實地。

財運：

財運不通，貪必損，資金周轉有問題，防周轉不靈。

感情：

不好溝通，對方固執，兩人無法產生共鳴。

學業：

辛苦感到辣手，要加倍努力才有成績。

▼ 逆位：

不守規矩、粗心大意，或兩極分化過度小心。三分鐘熱度、草率、混水摸魚、反覆不定、壓力太大、無法勝任、負擔重、困擾多、一動不如一靜。忍辱負重，進退兩難，須忍耐，不要衝動行事，免招災難，發財夢、賭性強、起步就意味著損失。

職場：

人事不順，由人擺佈遷怒他人，要識時務以退為進。

財運：

損失，不要做發財夢，大財運不通、財務勉強維持。

感情：

　　不容易成功，是非多，用情不專，暫時不想定下來。

學業：

　　要糾正學習態度，刻苦學習、努力才有進步。

🏵 愚人的今天

感情：

　　敞開你的胸懷，有機會追求新的愛情，熱情擦出火花。

財運：

　　人脈帶來賺外快的機會，但也有開支超額傾向。

工作：

　　容易有新的工作機會或一趟愉快的旅遊往外發展。

考運：

　　今天考運是運氣不是實力，傻人有傻福矇混過關。

魔法師
THE MAGICIAN
土

︱魔法師︱

水星 解決牌 運作 智慧 求新

　　有過人的洞悉力與掌控力。著迷於神祕事
物，情感熱烈追求。以強勢的作風出名、走紅。

很會耍小聰明為自己解圍闖關。

社會與人際，人脈廣闊，如魚得水，風趣幽默，很會利用人脈借力使力達成自我。很會發揮環境的有利條件，把別人的資源變成自己想要的能源。求新求變，越變越精彩，見風轉舵、善解人意是溝通協調的高手，眾人的最愛。

工作事業、創造、學問、潛能、資源開拓，文武雙全，眼光精準，把握時機，天時地利人和，能得貴人提拔，多元創造，多才多藝的偶像，求新求變，一切美好的事情正開始往正確的方向發展，用腦力勞動求口才吃飯。能集中精力，精通業務，獲得上司的認可和肯定，能讓自己的技術專才得到很好發揮。

人物：

演講、魔法師、演藝人員、作家、仲介、聯絡人、命理師、身心治療師、醫師、學生、郵差、網路行銷人員和電話行銷員、愛算命的人。

職業：

業務、公關、旅遊、通訊、藝術、寫作、外交、廣告設計、媒體傳播、演藝事業等。

健康：

手足受傷，呼吸神經系統、腸胃病、肺部、過敏性鼻炎、食物中毒，耳鳴、腎臟。

處所：

繁華鬧區、花園式住宅或私人別墅空間、秀場、說明會、社交場合、醫院、郵局。

態度：

風趣幽默，花樣百出，變化無常，讓人難以捉摸。

感情：

豐富多彩，魅力十足。不是我多情是因為太多人對我著迷。

工作：

點子多，能力強，業務精通，不怕你久留就怕留不住你。

金錢：

有賺錢的本事，多才多藝，以才華賺錢，小開有餘。

幸運數：

3、5、12、21、23、30、39、 41

🔮 魔法師的一生

多姿多彩、多才多藝、衣食豐足的一生。

▼ 正位：

潛力的開端，新計畫，把握與自信，專家、夢想轉化為實質的創造力、經過清晰思考的行動力，散發能量、主動積極、活躍、專注、技術能力、交際手腕。創意十足，新點子、新氣象、新局面層出不窮，有與眾不同的潛能、通靈和未發事件預感、夢境。

職場：

以靜制動，等待機會不宜擴大，萬事俱備、只欠東風。

財運：

有進有出，雖有財運，要防小心眼的朋友拖累。

感情：

距離似乎越來越遠，有波折、變化中。

學業：

用上你的聰明多加努力，好成績會更上一層樓。

▼ 逆位：

二流角色、花言巧語、失落、災難、精神錯亂、恥辱、被人欺騙焦慮、對手的陷害、名譽受損、說的比唱的好聽，小心出錯主意，得不償失。自以為是導致失敗陷入苦惱。職場轉變經營方式可得成功。

職場：

要端正態度，充實自己，多做實事以免失去工作。

財運：

須謹慎理財，開源節流，歷經逆境後才可能順利。

感情：

主動溝通化解誤會後有機會重歸於好。

學業：

不用功造成成績落差，陷入困境，多用智慧突破。

🔮 魔法師的今天

愛情：

邂逅一位令人心動的對象，有機會展開新戀情。

金錢：

財運不錯，改變平時的理財方式，有投資想法。

工作：

開創新的事業計畫，更新領域設備，適合公關、傳播業。

考運：

聰明，能發揮應有的實力，輕鬆應考過關。

女祭司
THE HIGH PRIESTESS
水

| 女祭司 |

月亮 感應牌 學習 獨立 信仰

　　女祭司就是女教宗，注重心靈的感受和靈
感的呼喚，內在比外在更加強烈。洞察人心，深入瞭解、有先知之明。在長期的工作或學習相處中互相瞭解，建立交情，是能與之心靈溝通的談心朋友或同性導師。

社會與人際，活動不多、不喜歡參與社會或朋友的各種聯誼事項，因為你認為這樣會浪費了你的個人空間，獨立好學是你的財富，人脈不是很熱絡的你不願意走出去，還是活在自己的世界裡，偶爾會被人利用，孤僻不好接近，清高愛理不理，維持現狀獨身生活。

工作事業，與經詩宗教很有緣分或很感興趣，需要細心有專注力和安靜的工作環境會更有利。但在工作人事上要提防耍心機的人扯後腿，朋友背信受牽累惹麻煩，提防官司，做事先苦後甜，黎明前的黑暗。

人物：

迷信的男人，有地位的女性。研究的人、木訥的人、旁觀者、記錄者、歷史學家、諮詢師、社工、尼姑、修女、躁鬱症的人、高學歷失業者、挑剔的人、收藏家、膚淺的人。

職業：

研究、教育、宗教、心靈輔導和相關宗教導師、經詩管理、宗教女領袖。

健康：

腎臟、心臟、排泄系統、神智不清、消化系統、貧血、遺傳病、腸胃病、先天性腎功能不全者、婦女病、血液循環系統、肺病、中風。

處所：

舊址、廟宇、亭閣、文教社區、老街坊、教師宿舍、古色古香院庭、耐人尋味的地方。

態度：

凡事謹慎、安分守己，不必多求、孤單已成習慣。

感情：

互相瞭解，不求富貴只求相愛，戀愛中易有不安全感，防冷戰不來電。

工作：

專心一致探索研究、認真負責，能給人專業、心靈啟蒙。

金錢：

　　維持正常收入就好，保守理財，適合穩定的工作收入。

幸運數字：

　　3、5、7、24、33、52、66、70

◉ 女祭司的一生

　　傳統、保守、冷靜、獨立，容易孤單的一生。

▼ 正位：

　　直覺、靜默、堅持、智慧和科學、注重心靈成長、逃避情感、第六感強、神祕、未知的將來。不管是男生還是女生都存在心有所愛卻不願表態，沉默、不屈不撓。神祕的智慧與科學智慧。學習專心與細心用心去追求自我知識，有不為人知的神祕一面。與眾不同的通靈功能和預知未來的第六感。

職場：

　　宜研製或開發新產品，有突破效益的精神。

財運：

　　財運不錯，進帳理想，細水長流，積沙成塔。

感情：

內心有排斥感，最好能夠化為大愛心情愉快。

學業：

聰穎伶俐、靠自己認真學習、成績優秀。

▼ 逆位：

熱情、激情或滿足慾望上的狂熱，自大和膚淺的知識、各式各樣的神祕學、東西方神祕學，也可能代表尚未完全顯現的命運或智慧。心思細膩城府深，裝模作樣，小心眼暗中破壞別人的好事。

職場：

有人暗中搞破壞，無法堅持到底，要注意人為的困擾。

財運：

財運能量較弱。力不從心，防資金周轉不靈。

感情：

口是心非，遇人不淑愛錯人，睜大眼睛看清對方。

學業：

　　沒有踏實的基礎，死記硬背、理解能力差。

✿ 女祭司的今天

感情：

　　渴望得到愛情的滋潤，卻不願採取行動，或選擇單身生活。

金錢：

　　平穩中求進步。善於理財可考慮長期性的投資方案，不宜投機。

工作：

　　宗教事業、靈感性或醫學、心靈靜修，到宗教場所走一走。

考運：

　　平時功課認真，贏得今天的好成績、高才生。

|女皇|

金星　結果牌　富貴　被愛

　　女皇是一張充滿愛與人情味、關愛、成熟、
溫馨又富有的牌，也是女性的主流代表、資深富足的上層社會女權。有豐富的交友群體，魅力十足，能吸引到眾多的同等階層朋友，是眾人的福星，或易得到金主寵愛。

社會與人際，能擁有一個比別人更富有的環境，女權的尊嚴受人尊敬寵愛，一呼百應，也有足夠的能量助人為樂，提拔他人，從中得到超出意料的回報，是大家的福星貴人。母愛、服務與照顧無微不至的關懷。

工作事業，代表成功女性的高標準要求。得天獨厚，自由發揮，總會有人替妳做最好打算。台柱、團體領袖、女強人，是社會、家庭、財富同時獲得成功的女性代表。

人物：

母親、女主管、妻子、有錢人家千金、老闆、企管高階人才、成功的快樂女神、保母、農人、愛打扮的人、享受的人、貴夫人。

職業：

企業規劃、藝術、美容、金銀珠寶、美妝業、藝術、琴棋書畫走廊。

健康：

腎臟、敗血症、心臟、流產、懷孕、口腔、喉嚨、肺疾、呼吸系統、平衡系統、泌尿系統、肥胖、水腫。

住所：

寬敞舒適、裝潢華麗的富家豪門、貴氣場地、女性高消費區、大自然景點、度假村、大賣場、百貨公司、地主、莊園主人。

態度：

熱情大方，有福共享，幫助別人好過自己會更好過。

感情：

幸福如願，賢妻良母，相夫教子，夫榮妻貴，好命好運的貴夫人。

工作：

不可缺少的女性主流、女主管，能擁有一份收入豐厚的工作。

金錢：

收入豐厚，家庭富裕，財運旺盛，有錢有勢，有經濟主權女性。

幸運數：

　　3、5、24、28、33、66

◉ 女皇的一生

　　成功，天時地利人和，被愛包圍，受寵，幸福美滿的一生。

▼ 正位：

　　豐收、喜悅、愛情、生產、充滿母愛、主動權、光明開朗，團體的歡樂、掌聲、未知的事物。具有大愛、關愛，是眾人的開心女神，團體台柱，人脈廣闊，成功與福報。有喜事，一帆風順，以溫柔和寬容的美姿取悅，順利如願。但要小心樂極生悲，防甜蜜陷阱。

職場：

　　個性大女人，氣勢逼人、有礙事業，得人和為安。

財運：

　　不管正財或偏財都很旺盛，有更多的錢財進帳，花錢享受。

感情：

雖有小挫折但感情彌堅，多為成功受歡迎。但霸道的大女人容易失敗。

學業：

往藝術、創作等方面的科目努力，讓學科事半功倍。

▼ 逆位：

困難多阻礙，陷入苦惱中，防被朋友出賣，遭人設計，要謹慎，否則困難重來、懷疑和貪戀歡樂都會消失、收穫折損、愛情小挫折，小心意外懷孕、流產或墮胎等，優柔寡斷、自負、表面知識。搞小團體拉幫結派，是辦公室搞內鬥的勢力抽手。

職場：

有危機，多阻礙。派系鉤心鬥角激烈，被扯後腿。

財運：

周轉有問題，為錢煩惱。提防誘惑色災破財，切記不可貪心。

感情：

　　花天酒地，浪費時光，浪費青春，感情受傷被騙。

學業：

　　愛玩、愛漂亮，貪圖享受，不愛讀書，成績差或過早戀愛，影響學業。

◉ 女皇的今天

愛情：

　　露出妳甜美的微笑、被愛包圍，會碰到感性、溫暖特質的人，收到禮物邀約請客。

金錢：

　　享受花錢的樂趣，投資運旺盛，回報豐厚，生活優渥。

工作：

　　事業順利，目前是運氣很好的時光，適合貴氣產業，讓妳的工作得心應手。

考運：

　　按照妳目前的用功努力，成績肯定不錯。

皇帝

白羊座 解決牌 成功 主道力 外力

決心與成功。天生領導者，喜歡新鮮事物，
勇於冒險，個性固執衝動。有強烈的永遠贏過別人的觀念，佔上風的氣勢。身上散發出一種貴族的領導風格。

皇帝主導江山，說一不二，拿出你的執行力拍板定案，你的魄力確定你的成功率。有代表性的成功男性高標準。責任重大、掌控資源發號施令，成功的男性主管或老闆。大男人、行使父權、嚴厲的家教和責任感。

對社會發表言論和世事評論，權利與利益重於友情，處事作風太過原則、公事公辦，找你辦事的人多，但知心沒幾個。有你相挺，會平步青雲。

工作果斷，態度明確，對別人要求高，對自己的工作效率要求會更高。當天的事情當天解決。

人物：

領導者、法官、醫生、警察、總統、老闆、地主、校長、政府官員、丈夫或情人、高官達人、成功男士、上流社會、單親爸爸、失意政客、中年失業者、中年未婚者、戰俘。

職業：

政府機關、行政部門、執行部門、軍事統領、工程、醫學、一切高階尊嚴領域。

健康：

血光、心神不寧、心臟、口腔、偏頭痛、脂肪過多、中毒、四肢損傷、肝膽、氣腫、頭部、臉部、頑疾、糖尿病、職業病。

處所：

整潔寬闊的住所或祖產，大部分三代同堂。高層領域。政府機關、辦公室、警察局、礦山或大沙漠地帶。

態度：

我說了算，態度強硬、直接了當、愛憎分明，我辦事你放心。

感情：

男子漢大丈夫，愛在心裡口難開，因為我所以妳多些規矩。

工作：

發揚你的領導風格，一定成功，不用懷疑，把工作擺第一。

金錢：

具有穩定的高階收入或家產雄厚，或家族企業、富二代。

皇帝幸運數：

0、3、4、11、21、28、66

🏵 皇帝的一生

家庭與社會地位同時獲得成功的輝煌人生。

▼ 正位：

勇敢、積極、有野心、有自信、有責任感、權威、決心與信念、理性較嚴肅。不擅長表達情感、秩序、規範與穩定、穩健守成、自律、外在的法律與約束、權威、偉人、援助。以事業為重。具領導地位的男性主流。

職場：

要堅忍不拔，大展拳腳，打江山辛苦，守江山更辛苦。

財運：

正財運旺盛事業重，但沒有偏財運，努力能獲得財富。

感情：

　　過於理性而缺乏情感交流，大男人主義對方感到壓力。

學業：

　　勤勞用功努力、學業有成、成績優良的好學生。

▼ 逆位：

　　有障礙，須突破，官司是非，不成熟、缺乏責任感、欠缺領導能力、沒自信、猶豫不決、依賴心強、權力濫用、冷酷無情、自我放縱、佔有慾、不服管即被管制。太過官僚，獨裁、奴役和掌控別人。（鐵面無私，不輕易讓小人陰謀得逞，也不易被人情所打動，嚴厲讓人感覺缺乏人情味，上級打壓。

職場：

　　營業不順利，要克服障礙才能成功，否則江山不再。

財運：

　　要守信用，財運普通。財務受人支配宜守，不如預期收入好。

感情：

　　會有隔閡，設法去除障礙。互相信任、誠心相待可成。

學業：

　　功課壓力大、傷腦筋，要根據個人學科努力，挽救較差科目。

🏵 皇帝的今天

愛情：

　　權威的展現，追求企圖，轟轟烈烈的愛情，被事業成功的權威人士吸引。

金錢：

　　物質生活穩定，社會名聲地位帶來的財富、高收入。

工作：

　　責任大，適合創業規劃，須扛起部門任務、努力執行。

考運：

　　因認真、自我要求高，結果成績不錯。

教皇
THE HIEROPHANT

火

教皇

金牛座 結果牌 權威 長輩 男性宗教領袖

　　耐性與傳統。不喜歡匆忙，注重物質上的
安全感。不容易被浪漫色彩沖昏頭的現實主義者，有邏輯和承擔的能力，能深思熟慮去做事。宗教領袖以及所有宗教儀式，具備上通天文，下通地理的實際本領，穩健理性，是下屬和家人的靠山，是有社會地位的重要人士。

人際與社會，能把朋友當家人，重視交情，講義氣，尤其是師長與下屬關係，大的宗教團體，廣結善緣。人生中難得的良師益友在你的一生中影響非常大，真是跟對人好辦事。

嚴肅、傳統、要好好教導和繼續傳承、助人為樂是一種福報、傳統與道德問題。環境良好、易得高人指點。

人物：

父親、男性長輩、公職人員、教師、典禮主持者、長官、老闆、僧侶、牧師神父、廟祝、社工師、仁慈的人、靈性導師、各種宗教領袖、濫好人、慷慨的人、信徒、迷失方向的人、耳根軟的人。

職業：

各種儀式如：畢業典禮、結婚典禮、喪禮、

宗教、傳統產業、救濟所十字會。各級機關團體或學校。教育事業或宗教事業、金融行業。

健康：

眼睛、心臟、血液循環、肝病、體質虛弱，口腔、咽喉、頸部、肩膀、肩周炎、上背部、跌打扭傷、胃腸、脊椎、中毒、風濕、結石、頭痛。

處所：

寬敞豪宅，花園別墅，兒孫滿堂三代同堂的傳統之家。具有濃厚的宗教處所或民間長老會。教堂廟宇、修道院、靈修道場、社會福利機構。

態度：

正直、傳統、重視心靈成長與道德，主張大愛、助人為樂。

感情：

非常傳統或柏拉圖式的戀情、老少配。年齡不是問題。

工作：

實力派的你會負責扛起一些工作上技術指導，老師、帶班師傅。

金錢：

有與眾不同的賺錢本事，助人為樂，經濟實力、金主、伯樂。

教皇幸運數：

4、5、6、7、21、43、52、

🏵 教皇的一生

總為別人著想、助人為樂、慷慨大方、權威的一生。

▼ 正位：

憐憫、同情心、有宗教愛心、心靈成長與道德教育、內心的服從性、心靈上的追求、婚姻、聯盟、勞役。規範與教育傳承，社會與人性倡導，重視社會道德，注重家教與家規，屬心靈美。教皇的眼光、謹慎，高高在上，注重傳統標準。找志同道合的人共事成功無礙，誠心合作，但注意文書簽約過失。

職場：

有長輩貴人幫助可成功、平步青雲。

金錢：

　　正財運旺盛、收入穩定、錢事看好後發潛力股。

感情：

　　有機會遇到好姻緣，近日有情書往來，長輩介紹更好。

學業：

　　學業不錯，嚴師出高徒，老師豐富的學識讓你獲益匪淺。

▼ 逆位：

　　軟弱與多餘的容忍、多管閒事、孤立無援、失去宗教心念、破壞傳統規範、固執、意志不堅，事業不順，人事困擾，婚姻受阻，損友。太過迷信誤導人性、扭曲人的本能與能源、資源和實力不足、別有用心利用宗教色彩矇騙人心，甚至騙色騙財、有花和尚之虞。

職場：

　　平順，利於正道交往，一切能調和順利。

財運：

　　有財，但不可盲目投資貪心，君子愛財取之

有道。

感情：

想獲得對方的芳心，就得包容忍耐、誠意。

學業：

老師對你的學習不滿，應該好好加油喔！主攻落後科目。

🏵 教皇的今天

愛情：

你所追求的是一個有知識、可信賴、對方比你成熟或年長的對象。

金錢：

別人好過你才能好過，拿出你的理財經驗，幫助別人規劃生涯。

工作：

會得到有知識的長者支持，善於指導別人，適合教育、心理或宗教方面的事物。

考運：

不必緊張，按原來計畫學習，讀書可望有好成績。

戀人
THE LOVERS
水

| 戀人 |

雙子座 結果牌 愛情和選擇 聯營

　　個性雙重多變,活潑好奇溝通能力強。超

人氣、適應性與選擇,魅力與動力,是愛情混雜著金錢的女人，異性給予金錢的幫助。我和你都有同樣的看法，眼光總會跑在別人的前頭。活潑充滿青春的氣息，受歡迎。愛與選擇、合作與分享，大多數展現女性的魅力和異性緣，女性的熱情會帶動男性的貢獻和支持度。

　　人際與社會，活潑大方，善解人意，很容易得到異性的親近，但也容易招來同性的嫉妒。選擇、愛情、性、結合、結盟關係、合夥關係、人際關係、桃花、開始、互相需要的結合。

　　工作得心應手，愛好與興趣、時尚與新潮能讓你有亮眼的表現，合夥生意或夫妻檔，以結盟的方式帶來發展機會，為將來帶來大好時光。

人物：

　　戀愛中的人、媒人、月老、仲介、見證人、單純的人、合作夥伴、嫌疑犯、有前科的人、被放逐的人、暴怒的人、外遇的人、自作多情的人。

職業：

　　演藝、模特兒、工程、媒體、語言學、廣告

行銷、旅遊業、美妝業、新娘祕書。

健康：

　　胃腸、眼睛、排泄、經血失調，糖尿病、肝、腎、外傷風濕、浮腫。手臂、手肘、手腕、手掌、手指、暴食、口腔、咽喉、性病、四肢冰冷、婦科病、小腹。

住所：

　　公園、舞會、老地方，正在做購屋計畫或新建家園，充滿樂趣與新潮裝潢的住所。

態度：

　　你對我好，我會對你更好。愛的力量，付出最多也心甘情願。

感情：

　　雙方相互吸引、熱戀、相親相愛、一見鍾情，天生一對。

工作：

　　誠意合作與樂意配合，雙方都有一種互相學習一起成長的需要。

金錢：

　　吃喝玩樂沒問題，也有足夠的經濟能力把身

邊人照顧好。

戀人幸運數：
2、5、6、20、21、22

⚜ 戀人的一生

充滿愛和選擇，一起奮鬥過一生。

▼ 正位：

美好的戀情、緣分的來臨、情投意合、浪漫、最完美的選擇。成功和諧，愛神眷顧。吸引力、心靈之美。努力之後的幸福，經過考驗的幸福。善解人意、願意配合對方、愛情與工作兩得意，能表現應有的實力，名利都來。

職場：

順利，趁勝追擊、向前進展、誠意與人合作。

財運：

避免一意孤行，有誠意合作案子帶來的商機。

感情：

互相信賴、相親相愛、夫唱妻和的愛是一種滿足。

學業：

可與同學一起學習討論、進修效果加倍。

▼ 逆位：

分手、外遇、第三者、有緣無份、不受祝福的愛情、變質的感情、戀愛上挫敗、三角關係、善變、錯誤的決策、不信任、不恰當的合夥。失敗、愚蠢的計畫。受挫的婚姻和各種對立的矛盾。戀人牌通常會有一個男人在兩個女人之間做選擇。困擾與多情給自己帶來不必要的情傷，有時候會做出一些害人害己的事，出賣朋友，多災多難阻礙，要堅忍不拔，排除萬難，漸入佳境。

職場：

進展緩慢，以靜制動、安分守己專心工作。

財運：

開支大、破財、投資虧損不利、家用開支大。

感情：

用情不專、三心二意，冷靜思考，讓時間來考驗。

學業：

貪戀或早戀影響學業，要用行動來補救，否

則會落後。

🏵 戀人的今天

愛情：

　　一見鍾情的戀情開始，女性主動一拍即合。
為愛付出多一點。

金錢：

　　可以與人合作結盟賺錢，或是發揮團隊精神
為自己帶來財富。

工作：

　　充滿了浪漫氣氛的工作，適合從事像婚紗
業、有愛與美的相關事業等。

考運：

　　成績優異，再努力可考進理想學校。

| 戰車 |

巨蟹座 解決牌 勝利 方向 不放棄

　　移動、善解人意，內心堅強、重視家的概念。

　　熱情、風趣，打敗對手，站上舞台的勝利者。動力、野心、不服氣、堅持到底,年輕的衝勁,衝鋒陷陣戰鬥力,有理想追求成功,但要檢視自己的實力,以免衝過頭。戰車的前程明顯邁向勝利的目標,挑戰明確出現的競爭對手。

社會與人際,熱情主動,大家都喜歡,也贏得別人為你牽動不少的人際關係,但你會感到與人共處真的存在不少競爭和挑戰。在情感方面,男子漢大丈夫敢愛敢恨,把愛說出來。

工作積極主動,懂得為將來打算,這種抱負就是未來成功的方向,你很想現在就能擁有自己轟轟烈烈的事業舞台,所以從年輕開始奮發工作,挑戰強勁對手勝出。

人物:

旅客、司機、戰士、騎士、贏家、競爭者、被征服者、背叛者、退伍軍人、車禍肇事者、問卜者。

職業:

運動員、賽車手、業務員、政治、科學、軍

警行政、骨董商、房地產、旅遊業。

健康：

頭痛、血壓、呼吸系統、心臟、腫瘤、喉嚨、口腔炎、胸部、乳房、吐嘔、交通事故、腎臟、腸胃病、風濕、痛風。

處所：

軍營、剛買的新家與鬧區有段距離或交通繁忙地段。戰區、訓練場。

態度：

直接了當果斷說到做到，從不拖泥帶水、先斬後奏。

感情：

欠缺柔性對話與情感交流。有可能出現競爭者。

工作：

加班加點努力打拼，不怕辛苦只怕沒得辛苦。

金錢：

先破財後進財，先苦後甜，很會賺錢卻沒時間數錢，辛苦錢。

學業：

學習時間與科目安排都掌控得很好、理解能力強。

戰車幸運數：

1、6、21、27、9、99

◎ 戰車的一生

辛苦努力打拼，注定是勝利者的一生。

▼ 正位：

勝利、交通工具、移動、改變、理智、積極進取與出奇制勝。行動力、掌控力，懷有強烈的野心與專注力、戰爭、經過戰鬥取得勝利的一方、競爭、復仇、麻煩事。企圖心與戰鬥力獲得勝利的榮耀，光榮中帶有年輕人的傲氣。有志同道合的人一起奮鬥容易成功，小心簽約文書過失，選定方向準備出發，看得更遠。

職場：

經過一番用心努力後，有長輩貴人幫助成功。

財運：

雖然辛苦，但可賺到想得到的錢，都是辛苦錢。

感情：

可以遇到好姻緣，近日內就有情書往來。

學業：

信心十足，高估實力，忽略了某些科目，造成老師不滿。

▼ 逆位：

懶散、好辯、訴訟、衝突、有人從中破壞阻礙、酒駕、身陷麻煩的人、魯莽的人、三角關係。旅行也可能延期或取消、遠行不順、意外狀況、交通事故、暴動、戰敗。計畫受阻，粗心大意，橫衝直撞，經驗不足、高估自我實力造成阻力。運作過程運勢低落，低調不要強出風頭，不為利誘所動，不許投機，在利益方面先損失後得利。

職場：

高估自我、錯失、上司不滿、小人當道。

財運：

求財不順、有功無勞、不利投資、有虧損。

感情：

　　要互相信任，才能長久走下去，防謠言中傷。

學業：

　　不專心。信心不足，實力不夠無法如願，成績
下滑。

◉ 戰車的今天

愛情：

　　今天由你掌控，應該積極主動，不要遲疑，
勇敢追求你的真愛。

金錢：

　　評估環境，不可粗心大意，投資可有新收穫。

工作：

　　可以接受新的挑戰，非常講究實事求是，要
腳踏實地。

考運：

　　不理想，讀書態度不夠積極，設法改善。

| 力量 |

獅子座 解決牌 堅強 行動力

　　勇氣與堅強。掌控的慾望超強。不顧別人
的眼光和反對聲浪，勇往直前、外表冷漠、驕傲卻能創造屬於自己的舞台。潛力、勇氣、以柔克剛。以強大的能量，集中精神堅持朝著心中的目標，解決擺在眼前的所有問題，到了最後將不可能變成可能，證實你的力量足夠征服重重困難，奮力贏得最後的勝利。

　　以盡可能的自身條件對待朋友，在人際中能得到大家的好評和肯定，與人相處有包容心，能體諒別人互相尊重，知進退，懂得放低姿態做人，在人際關係上征服人心。處於競技的賽場，熱情奔放人生，靠實力比出高低或集訓的環境。

　　家庭核心、驕傲並堅定不移，你的認真讓人感動，你的負責讓人放心，努力讓人敬佩，把自己的所有力量獻給了你的事業，你的堅持與用心贏得屬於自己的人生舞台主導權，最後讓人心服口服。以小搏大、前途無量。

人物：
　　高雅的人、外柔內剛的人、寵物主人、業務

人員、小孩、馴獸師、馬戲團演員、英雄主義者、運動員、女性上司。執行者、專橫的人、濫權的人、怕老婆的男人。

職業：

高難度挑戰的行業、寵物業、動物醫院。醫生、軍警、工程師、職業運動員。

健康：

頭部、骨折、肺功能、中風、腸胃病、頭部損傷、腎、水腫、耳鳴、體質虛弱、足部傷害，上半部、脊柱、心臟、背部、跌打扭傷。

處所：

民宿、莊園、牧場、集體宿舍訓練場。寵物店、動物園、舞台、公開表演的場地。

態度：

不管大事小事都奮力一搏，堅持到底就是勝利。

愛情：

魅力、柔順、感化對方，愛的力量讓對方選擇了你。

工作：

　　精力充沛，肯做有耐心完成任務，認真工作的人最美麗。

金錢：

　　工作獲得賞識，得到報酬，得來不易，用心努力再接再厲。

力量幸運數：

　　7、8、10、20、99

◎ 力量的一生

　　勇氣和忍耐辛苦努力，百煉成鋼的一生。

▼ 正位：

　　勇氣、寬大，默默耕耘獲得勝利與榮耀。精力充沛，面對自己該做的事情，不管挑戰的困難度有多大，以剛柔兼備、膽大心細的方法，一鼓作氣堅持到底，直到掌控全局為止。運用累積的智慧與實力，認真工作能力將被肯定。

職場：

　　經營順利，知足常樂，蓄勢待發，全心全意投入。

財運：

　　現在處於平順階段，要有信心以後會更好。

感情：

　　雙方個性剛強，互不低頭，宜調整心態。

學業：

　　臨陣磨槍不亮也光、臨時抱佛腳的準備心態，不宜常有。

▼ 逆位：

　　獨裁、濫用權力、弱點、有時感到屈辱。信心不足，做事拖拉，懶散、受人擺佈，六神無主，失敗承受打擊，無法堅持下去。需要等待時機，目前無法順利要忍耐，待人要謙恭，防小人陷害。

職場：

　　經營要保守，步步為營，防入小人圈套。

財運：

　　收支要控制得當，不是投資時機，小心無意義的揮霍。

感情：

　　意見不合沒有共同目標，口舌是非不斷。

學業：

　　無心讀書，是念書最大敗筆，要在不好的科目下工夫。

🏵 力量的今天

愛情：

　　想追求你心中的愛情，就舉起勇氣讓對方知道你的用心。

工作：

　　不要放棄，別人低估你的實力，就讓勝利來證實你的實力、征服別人。

金錢：

　　眼光要看得遠，大膽嘗試你目前正在計畫的投資方向，收成滿意。

考運：

　　不錯逆轉勝，平時不好的科目反而會出人意料外考得好。

|隱士|

處女座 感應牌 清高 隱退 復出

　　獨立與清高,沉默中發揮工作效率,行事
條理、謹言慎行,

要求完美。鑽研、退居等待機會，但需防部屬不利而失足。

不合群，很容易讓人誤解搞自閉，把時間用來追求和探索愛好的事物，自我滿足。走自己的路不管他人事。站得高看得遠，目前選擇暫時的隱退是為以後走更長遠的路做準備。

社會與人際，熟人很多，知心沒幾個，喜歡孤單的你平時也不喜歡與人交往，覺得有比結交朋友更重要的事情值得探索，與人交往平淡擦不出深厚友情。當別人有求於你能幫就幫。

淡泊名利，一生中不會刻意爭名奪利，偶爾有計畫也沒有執行力，也不會受別人的影響改變自己，我行我素，頑固自私，過著普通人的生活。

人物：

心靈導師、教師、有智慧的人、長者、諮商師、顧問、前輩、宅男、政治犯、逃於法外的嫌疑犯、獨居的人、苦行僧、修女、保守主義者、膽小鬼、自卑的人。

職業：

　　適合枯燥的研究工作、考古學家、基礎學家、心理醫藥、學術、園藝、財經。

健康：

　　慢性疾病、老化的症狀、凍傷、腸胃、痔瘡，結石、痛風、手腳損傷、肝病、食物中毒、腹部、低血壓、體質虛弱、貧血、腫瘤。

處所：

　　獨居或深居簡出、寄居或偏僻地區、養老院、避難所。

態度：

　　修身養性，自己顧好自己，他人的事懶得管。

感情：

　　老夫老妻、理解就好。人家的愛總是濃情蜜意，你卻愛得很少。

工作：

　　獨立工作或個人工作室，有脫群的獨特工作能力，不合群。

金錢：

　　與世無爭、夠用就好，比我錢多的人不見得

比我活得自在。

隱士幸運數：

0、7、8、9、19、10、20、23

隱士的一生

君子之交淡如水也，平平淡淡過一生。

▼ 正位：

孤獨和內省的智慧頂峰，謹慎小心注意細節的完美主義者，做事總是小心翼翼。孤單，你不想理別人，人家也懶得理你。

靜下心來冥想，明確自己該做的事情，探索與冥想是為將來更有意義的事情做出時間或空間的犧牲，把所有的經驗累積起來，就足夠自己獨當一面創業。凡事要按部就班，不急進，年運不旺，放慢腳步，從不順的環境中度過。

職場：

眼光要放遠，不急功近利，接納別人建言可成功。

財運：

漸漸順利。智能特殊，技術受額外禮遇，難

得的意外之財。

感情：

　　女方年長，經過一番考驗後終可成眷屬。或逃避感情遠距離的戀愛。

學業：

　　認真、哲學、歷史、人文相關科目不錯，避免蹺課，作弊小心被抓包。

▼ 逆位：

　　粗心搞自閉、偽裝、恐懼症。沒有理由的警戒。死鴨子硬嘴皮，害怕孤單卻得不到別人的理解，逃避，你說你的、我做我的，不太適合大場面和組織群眾工作，表面功夫，在工作團體容易受到排擠、孤立，別人不大願意配合你的工作，缺少資源與人手不足。防因小失大，眼光要放遠，接納別人的意見才能獲得成功。

職場：

　　要有長輩的支持與幫助才能達到成功目標。

財運：

　　命中有終須有，命中沒有不必強求，財運很普通。

感情：

要互相包容，多做溝通協調，才能成功。

學業：

不用攀不用比，自己瞭解自己，要成績好就得用功。

◉ 隱士的今天

愛情：

老不正經、暗戀，不好意思表達愛情，追求柏拉圖式的愛情。

工作：

獨當一面、鑽研思考或考古學、脫群工作對你比較有利。

金錢：

即使不富貴也過得衣食無憂，謹慎理財，保守運作金錢態度。

考運：

用心不專、成績不好，數學要加油，成績不穩定。

│命運之輪│

木星　業力應牌　幸運　宿命

　　宿命，冥冥中的安排，生老病死周而復
始。有秩序地發展，嚴肅承擔責任，重視秩序與服從，不信命運偏讓命運牽著鼻子走。冷靜、沉著，不管遇到什麼棘手的事情都自然逢凶化吉。命運之輪描繪人生自然輪迴，從不終止，正向時暗示人們要把握當下知運進取，負面時凡事謹慎以退為進，企業面臨轉型或工作環境的改變。

社會與人際，天生就有眾多的人際關係和經營人脈的管道，為自己開創更豐富的社交，開朗、樂觀、自然溫和的態度，能大事化小、小事化無，消除不必要的人事糾紛。好的人脈給你帶來好運和助力，貴人相隨。

目前運勢旺盛，有連貫性的好事發生，讓你感覺有如神力相助，只要你懂得把握眼前的機會，成功指日可待，受到驚喜和意外的成功來臨。

人物：
繼承人、傳承人、企業家二代、補教業、賭博、懷有偏見或私心的人、騙子、逃避責任的人、優柔寡斷的人。

職業：

政治、占卜、公關、業務、演說家、推銷員、出考題的人、門衛、預言家、外交人員、哲學家、罪犯、一錯再錯的人、盲目樂觀的人、帶衰的人、讀者。

健康：

風濕、手足損傷、關節、神經痛、肝膽、胃腸排毒系統、循環系統、慢性化疾病。

處所：

災後重建區、疫區、博物館、圖書館、便利商店、頤養天年的公寓？獨立門戶的商業住宅區或海外新居。

態度：

順其自然，對別人沒有太多的要求，給自己擁有更多的空間。

感情：

幸福不是巧合，生命中的很多事情都是冥冥中的安排，接受才是幸福。

工作：

　　要讓自己有更多的機會，適應不同的環境，接受一些改變，挑戰讓你步步高升。

金錢：

　　不用刻意打拼，順其自然就得到財神的眷顧，進帳增額。

幸運之輪幸運數：

　　1、3、5、7、8、10、14、21、77、81

◉ 命運之輪的一生

　　好事總在身邊發生，比別人幸運的一生。

▼ 正位：

　　改變、輪迴。命中注定的、機會的來臨、幸運或不幸、成功、提升。一直以來你的等待終於機會來臨，讓你感到意外的幸運而驚喜，天時地利人和無往不利，不用懷疑好好把握眼前的機會成功幸福百分百。千萬不要讓機會從身邊溜走，順勢有意外收穫。以開明樂觀的態度看待事情，可大事化小、小事化無。

職場：

　　專心經營，重新整頓再出發，會得心應手。

財運：

　　把握時機，機會財、樂透、遺產、繼承財產。

感情：

　　心情不定反反覆覆，可逢凶化吉。真命天子（女）出現。

學業：

　　得天獨厚的學習能力，成績亮眼表現出色。

▼ 逆位：

　　不幸、不懂珍惜、錯誤的判斷、失敗、報應、沒有進展。命運之輪是不停轉動的、世事萬物也會同時出現變化。不論變化是好是壞，這是注定的，同時也只是一個循環。

　　命運對你有些不公平，生不逢時，衰運纏身，好運結束，讓你接受命運的磨練，不如意的事情意外的降臨，現在的你必須接受命運的考驗。情感多為曇花一現的戀情、一夜情。衰運要多留心觀望，小心度過低潮期。

職場：

　　不利投資，要多分析市場與多觀察當下的環境需求。

財運：

　　財運不順，投資受損，資金周轉不靈，財運走下坡。

感情：

　　有波折，阻礙多，距離似乎越來越遠，要有心理準備。

學業：

　　學業不錯。你福星高照，應該沒問題啦！

◉ 命運之輪的今天

愛情：

　　好運降臨，把握機會開展新的戀情，幸福由你決定。

金錢：

　　財運非常好，會有一些意想不到的賺錢機會，可以嘗試一下手氣。

工作：

等待已久的機會終於來臨，工作獲得晉升，或是創業機會。

考運：

不能如願，成績不穩，要多看書，否則會名落孫山。

正義

天秤座 結果牌 誠實 公平 法定

　　法定生效，天生的協調專家，善於合作與
談判，有強烈的正義感，具有美德和對美的事物感動。志同道合助人為樂，熱情好學。展視自己的為人處世公正的一面，正在下決定的某人將得到公平的結論。

正人君子，講求證據，能公平看待別人的成就，男女平等，用交情來衡量你的人際關係，不忘本，你對我好我也對你好，公平交易，合法合理，有法律效果的約定、合約，一切公證法定有效的條款。

有能力兼顧幾份工作，大部分都有正業之外的副業，或打兩份工。經營與收入持平，均衡、合作、公平，對不付出的獲利不要抱著要求太多，不合理的事情不要胡鬧，這是最公平的平台，對公平有利的人有結果。

人物：

法官、檢察官、公務人員、正義感強的人、洞察力強的人、律師、好辯的人、政法評論家、檢驗員、誣告別人的人、無理取鬧的人，野蠻人。

職業：

　　法律、外交、人事管理、旅館業、建築業、行政辦公室、法律效應或政府部門、軍警、國政執行機構。

健康：

　　牙痛、肝膽、脊椎骨、腸、疑難雜症、腹部、疲勞、過度運動扭傷、關節炎、腎臟、開刀手術、食物中毒。

處所：

　　公寓、公屋、國宅、國有發放處所，雖然擁有舒適的生活住所，須還房貸。

態度：

　　是與非愛憎分明，家有家規、國有國法，公事公辦。

感情：

　　是因為真愛才考慮感情的婚姻前奏，相敬如賓，男女平等。

工作：

　　腳踏實地認真賣命，專業、負責，默默耕耘，有付出才有收穫。

金錢：

付出與收入成正比，目前的要求不要太多，以後會更好。

正義幸運數：

1、2、8、11、13、14、17、23、26、35

◎ 正義的一生

老實人做老實事，理性、腳踏實地的一生。

▼ 正位：

平等共處、互惠互利，一視同仁。銳利講究原則，有理走遍天下。

公平、正直、法律、有理的一方獲勝。好人必有好報，所有的付出都值得，這才是公平待遇。但要注意言語不要太過尖銳勢力，須識時務，知進退。

職場：注意內部，整體而言應該不錯，家和萬事興。

財運：

財運平順。呈現穩定的發展狀態。

感情：

　　還在發展階段，感情對象不錯。已有情投意合的對象。

學業：

　　不偏科，全面平衡兼顧，踏實努力，有付出就有成就。

▼ 逆位：

　　不平衡、不誠實、過分主觀、偏見、法律糾紛、頑固、偏袒、無法無天。不合理的裁決。偽造文書、誣告、惡意攻擊。忘恩負義、損友，每當有好事發生的關鍵時刻就被別人搶先一步，或被人取代把你換掉。做事不可太過急躁，以最穩當辦法處理為佳。

職場：

　　一開始會遭遇阻礙，經過努力計畫行事才能維持平穩。

財運：

　　須量入為出，有意想不到的支出，或買到價位不公的產品。

感情：

不要太固執己見，彼此各退一步才能維持下去。

學業：

不要僥倖耍小聰明，有難度或老師要求高的科目要刻苦。

⚜ 正義的今天

愛情：

感情平穩發展，甚至有考慮進入結婚的階段，或籌備婚禮中。

金錢：

收支平衡，善用理性的理財態度量入為出，以防財務失衡。

工作：

具有冷靜分析的頭腦，適合法律、仲裁、代書等事項，工作順利。

考運：

多努力學習做好應考準備，應答發揮得心應手。

| 倒吊人 |

海王星 問題牌 內敵 反向 逆向操作

　　沒有進展、犧牲、順從、求人不如求己。

　　人都吊起來了，當然就是綁手綁腳，失去自由，是被迫的、不自然的人生最苦的時刻，也有部分特殊狀況的人是天生的身心障礙。不幸來自人生的各種痛苦，而且是漫長的，目前是無法馬上解脫的，要先經歷逆境才能改變的狀況。忍耐再忍耐，承受是一種責任的眼光。拖累大，束縛、有牽絆放不下。

人際上容易分不清是敵人還是朋友，因此往往受到內敵的出賣，你也搞不清事情為什麼那麼糟，甚至讓你感到難以應付。你容易受人利用，太負責自己受累，在感情的事件中學習付出而成長，目前無法如願發展。

你的工作環境是受到某種強迫性的危機，不管你喜不喜歡都得面對，甚至是遇到棘手的工作瓶頸，或是面對上級的考核，正在觀察你的表現，你必須要面對這種未知的變數，而改變的好與壞，就得看你的努力。被檢視，要明智果斷，去舊迎新，改變方式，不宜猶疑，苟且偷安，注意文書合約失誤。適度的損失是為換取更大的獲益。

人物：

　　社工、社服人員、受苦的人、文化創意行業、職業八大行業、餐飲業、有遠見的人、自願失業者、閉關沉思者、船員、身心障礙者、潛水員。

職業：

　　福利、服務業、藝術、健康食品業、護理站、教業。

健康：

　　肥胖、水腫、胃下垂、風濕、手足損傷、經痛、肝膽。口腔、咳血、心臟血管、肺病、身體的下半部、腰脊骨盤、四肢冰冷、住院。

處所：

　　山村、郊區，或改造直營地、看守所、海上人生或船上生活。

態度：

　　認命忍受，敢怒不敢言，與眾不同的阿Q精神，要有逆向的眼光看待人生百態，包括你自己。

感情：

　　容易碰到沒有結果的感情，為愛犧牲太大，

拖累、還感情債。

工作：

多做少說默默耕耘，付出最多得到最少，不公平待遇。

金錢：

你耕耘別人收穫，先付出讓別人得到好處，自己才有少許收成。

幸運數：

2、3、12、21、17、16、25、34

❀ 倒吊人的一生

默默耕耘忍氣吞聲，順從、犧牲無奈的一生。

▼ 正位：

智慧、洞察力、考驗、以退為進、需要等待、遇到瓶頸無法下決定、保持態度的彈性。犧牲、直覺、換個角度思考。樂於犧牲、默默付出，心地善良能在漫長歲月裡承受磨練、負責、奉獻自我，在感情上全心付出。

在工作上賣命付出最多，得到最少的那個人，膽小怕惹麻煩，順從、受打壓被欺負，最有實力遠見卻得不到重視。被人忽略，不公平的考核、工作瓶頸、麻煩事。

職場：

內部分歧，要徹底改變制度才能看到未來。

財運：

錢財出入要小心。智慧財、受難財、強烈需要做規劃被動的收入。

感情：

意見不合，防受騙，有人破壞小心人財兩失。

學業：

學習的進度有瓶頸，需要換個讀書方法才有進步。

▼ 逆位：

受到社會眼光檢視、不敢做自己真正想做的事、受苦和瓶頸時期的結束、自私。吊人和命運之輪、正義三張牌，都可以看到人生三大階段的奇妙。承受、宿命與因果用審核來結束人為。

承受威脅、無條件的服從、有理說不清的苦情花，受人欺負和不公平的待遇。受苦時期，必須苦撐一段時間。思想左右不定，情緒不穩，多波折，宜順勢，以待時機，可有一番意外收穫。

職場：

專心經營，重新整頓再出發，忍耐接受磨練。

財運：

把握時機，小收入有，大收入不可能。

感情：

心情不定，反反覆覆，但可逢凶化吉。

學運：

可以進取，但成績不高，加強語言科目。

◉ 倒吊人的今天

愛情：

愛還是不愛今天有點出力不討好，在愛情中犧牲，小心有人暗中搞鬼產生誤會。

金錢：

為了將來的某件事而破財，想通了就當作必要的投資。

工作：

工作進度緩慢、挫敗、付出得不到認可，要有勇氣設法解決一些棘手的問題，等待轉機。

考運：

　　在應考期間會受到干擾，讓成績無法達到目
標。

| 死神 |

天蠍座 問題牌 放棄 結束 莫名其妙離去

　　結束。死神並不一定是它的真實意義，但
也不排除，凡事沒有絕對，看在什麼狀況下出現，很多事情必須面對改變，改個方法，重新洗牌，過去的事情就讓它過去，尋找新的出路就對了。果斷去舊迎新，縱然沒有結果的事情，最痛苦也不要捨不得，長痛不如短痛，情勢所迫不要遲疑，改變會給你帶來新的契機、曙光還在前頭。

死神的人際關係並不明朗、不妥協，不配合容易受到拖累，在人事上容易惹來衰事纏身或惡整人事件，個性奇怪不好溝通，讓人難以理解和不易接近，氣氛不友好，在關鍵時刻不盡人事。由於過去的一些經驗，讓你警戒劃起界線，好惡分明，防備心態明顯，也造成自己容易受到獨立或不配合的事情時有發生。

在工作事業方面，一直以來你的工作環境都處於很不理想的狀態進行，極度的不安全感終於成了事實，你與目前的人事無緣，就做好下一步打算，徹底改變尋找新的人生方向，只有改變才能找到新的出路。

人物：

　　警察、殺手、稽查人員、臥底、間諜、劊子手、屠夫、稅務人員、軍警人員、徵信業者、醫生、死者家屬、孤兒、殯葬業者、絕症患者、蹺家的年輕人。

職業：

　　殯葬業、地府用品、軍警、外科醫生、建築業、地質探險、神祕學、政治操作。

健康：

　　昏睡、僵化、夢遊、手腳受傷、胃腸脹氣、骨折、骨刺、神經痛、食物中毒、耳鳴、腎臟、下腹部、生殖器、泌尿系統、腎功能、事故、火災、重病、意外、刀火燙傷、四肢無力、嗜睡症。

處所：

　　急診室、停屍間、殯儀館、弔喪告別式場合、墳墓陰宅、橋樑、偏遠不易探訪地方、幽靜陰沉地方或地府冥界、絕望、死氣沉沉的環境。

態度：

　　鐵下心做個了斷，誰還記得你是曾經的同路人，河水不犯井水，劃清界線。

感情：

　　人去樓空，無緣無份就一刀兩斷，長痛不如短痛，痛苦結束。

工作：

　　人心不齊、吃飯同桌，工作拆檯，容易受到同事的影響，扯後腿，關鍵時刻突然中止。

金錢：

　　財務有危機，目前的投資想法可能導致失敗，厄運。

死神幸運數：

　　0、3、4、5、13、22、23、30

死神的一生

　　恐懼、暴力、提心吊膽的一生。

▼ 正位：

　　結束、 放手、腐敗墮落。如果你是男人將會失去一個對你有利的人。不回頭看以後，絕望中垂死掙扎。

　　如果妳是女人樹敵太多。遇到死神的人生難得幾件好事，但大致上該了結的事情頭腦都清醒，沒結果的事情果斷明確結束，時光不等人，新的機會得之不易、不可拖延。突破困境身心做適當調節才能如意。

職場：

暫時勉強維持，有隱憂，小事勉強，大事失敗，小心為上。

財運：

要開源節流，歷經困境後轉順。最近可能被減薪。

感情：

誤會化解後可重歸於好。失戀、別離、舊情復燃，或婚姻計畫失敗。

學業：

早知道再努力一點好了，學習進度亮紅燈，不能掉以輕心。

▼ 逆位：

緩慢、希望破滅。耗時間，捨不得放不下，困擾諸事不順，得不到支持，沒人理解早就該結束的事情總是拖拖拉拉，耗盡資源，到了最後不放棄也得放棄。

目前所面對的事情不要三心二意了，處事要有果斷力，才能平穩順利，並能有所收穫，但不可投機會導致失敗或面臨失業、倒閉。

職場：

不怕艱困，努力經營，轉換方式才有挽救轉機。

財運：

可得財利，陸續小額進財，投機不利小心為上。

感情：

有阻礙，棒打鴛鴦兩地情，沒結果被迫分手。

學業：

不想念書、棘手的課題困擾，需要刻苦努力突破。

◉ 死神的今天

愛情：

結束一段感情，失戀或是離婚，鼓起勇氣提出分手。

金錢：

　　有機會追回拖欠已久的舊債，有小額進帳的機會。

工作：

　　事業進行不順利，可能要另做考慮你的工作，為以後做打算。

考運：

　　一直的努力累積經驗，成績提高，要加強數理科目。

| 節制 |

射手座 解決牌 準備 耐心

　　耐心、準備，熱愛挑戰與學習，行動直接、
熱情積極。親切、氣質，成熟又可愛，挑戰與學習能力，海外求學求發展。

　　節制是一張平易近人、低調謙虛，也為自己帶來很好的外來人力資源和物力資源，眼光精準理性分配能源。有很好的外交手腕和語言天份，是外交溝通高手，海外合作機會比別人多。

　　節制的人際關係很好，個性活潑開朗，很樂意與人分享善於溝通，能神通廣大地周旋在不同階層領域的人群中，是貫通友誼穿計引線的主要人物，是社團邦交的好幫手。大部分象徵年輕的力量，潛能無限。

　　節制的事業工作大部分活躍於海外與國際聯盟，邦交合作，也是外勞人力資源最好的管道，文化交流藝術傳播、貿易協商開始運作的關鍵時刻，或是新進人力、物流開始的初階段，只要透過多方的調整磨合必然產生理想的成果。

人物：

管理人員、會計、月光族、卡爆族、新進人員、轉學生、混血兒、新移民、樂團、藝人、國際貿易、國際業務、化學家、芳療師、調酒師、藥劑師、調解委員會、和事佬、祕書、業務員、服務生。

職業：

寫作、教學、園藝、農業、公務員、金融業、旅遊業、服務業、海外商貿。

健康：

手腳外傷、火氣大、心臟、中毒、四肢損傷、肝膽、口腔、肺氣腫、跌打扭傷、臀部、大腿、眼睛疾病、頭痛、酒醉。

處所：

山青水秀地區、俱樂部、舊址翻新或魚米之鄉、民宅、海外。

態度：

以和為貴，好溝通，成人之美、調解、妥協、家和萬事興。

感情：

　　真愛不受條件限制，心靈互動比金錢更重要的愛情精神靈魂。

工作：

　　外勞、外鄉打拼、工作族、外交、業務精通，大多數是靠口才吃飯的人。

金錢：

　　理財高手，精打細算，錢要花在刀口上，在經濟上能獨立自主，（打工族）

節制幸運數：

　　3、5、9、11、14、15、22、60

✿ 節制的一生

　　過分壓抑，活該受罪，人生有 70% 用不到的一生。

▼ 正位：

　　世界連結，海外發展勇敢地走出去。新的工作條件，剛報到接受培訓，正在摸索學習適應中，能有效地整合有利和有限的資源，為未來做完整的計畫，自衛、等待成功的到來在做準備。

節約、管理、適應、中庸、教學、旅行、溫和、束縛、調整。跨國經營的、慢慢接受磨合期，漸入佳境。一切要誠信以待，隨機緣認清是與非，全心全意服務態度就有機會成功，缺乏誠意會導致失敗。

職場：

細水長流行事認真，精通業務按計畫完成任務。

財運：

要守信用、財運普通小心運作金錢，做到精打細算。

感情：

互相信任、注重心靈溝通，互訴心聲、真心相待終成眷屬。

學業：

打好基礎、放慢學習腳步，會有更好的成績。

▼ 逆位：

分裂、不幸的結合、利益爭奪。做事通融有商有量，謹慎理性處理事情、工作事業有條有理、在財經上官高成功，很合理地分配各種資源產生效益。

敵對、反目成仇、受污染、無意義的浪費。分裂、不幸的結合、不合理的要求利益爭奪。浪費時間無節制，過於參與無意義的活動，消耗精力，健康容易出問題，無法調適心靈平衡，過於自我克制，工作退步、浪費資源，不能有僥倖的心理。

職場：

要有穩定的發展須謙虛，若驕傲自大有阻礙。

財運：

經濟開支要量入為出，不要虛榮浪費，避開錢關問題。

感情：

互相尊重，感情慢熱婚姻可成。逐漸加溫的戀情。

學業：

你很認真讀書，但領悟能力一般，往往顧此失彼。

◉ 節制的今天

愛情：

　　和對方培養感情，彼此相愛順利相處、情投意合心靈美。

工作：

　　工作進展順利，和夥伴觀念可以交流，合作愉快。

金錢：

　　做好投資規劃，有金錢觀念和理財靈感的一天。

考運：

　　發揮實力前途光明，成績理想心願達成。

 惡魔
THE DEVIL 木

｜惡魔｜

魔羯座 問題牌 第三者 貪心 黑道

　　慾望、束縛、沉迷於物質主義。惡魔是一
張罪大惡極的問題牌，也是二十二張大牌中唯一犯罪率最高的犯罪牌，手段高明陰險、非常狡滑、心術不正的危險人物，人性沉淪的牌，在這裡包含色情、貪戀和紙醉金迷的透惑，與正義社會對抗。現今社會暗示有買官、賺黑心錢和一切越軌交易、一切邪惡、不光彩、暴力與人品問題，以及毒品和宗教迷信的邪術等。

你被捲入很複雜的互相搞破壞、明爭暗鬥，名利與色利簡直是鬥紅了眼，嚴重者可引發暴力被勒索恐嚇，互相利用和互相欺騙，讓人厭倦和恐懼的幫派群體有關。此牌暗示不要與人有金錢上的往來。

工作事業方面很容易混入一些不正當的行業，如黑社會、暴力討債集團、聲色場所、賭場、販毒、八大行業，有時候從事這些工作的人不見得都是自己願意的，如被迫不得已或本來是上當受騙或受人擺佈的狀況下進行的。不擇手段謀取官利權職，職位晉升獲得代理權，騙色騙財的花和尚、邪術泛濫。

人物：

　　助理、特助、保標、觀察員、情報員、犯人、縱火犯、施行邪術的人、吸毒和毒販的人、自私自利的人和動用私刑的人、野心家、企圖心強的人。

職業：

　　農業、土地、政治、娛樂、主持人、教育、管理、演說，夜店、夜總會、地下錢莊、非法討債、強迫消費場所、經營色情或八大行業。

健康：

　　縱慾過度、舊病引發的綜合症、用眼過度、耳聾、頭痛、肺病、咳血，高血壓、痠痛、手腳、關節、皮膚、舊病發作、性病。

處所：

　　混亂燈紅酒綠、三教九流、旁門走道的社會組織、八大行業以迷信色彩強迫消費的地方。

態度：

　　霸道心術不正，你的也是我的，我的絕對是我的。

感情：

各有所需，一個願挨一個願打，金錢可以買到色情卻買不到真情、淪落愛情悲劇。

工作：

強勢有行動，想方設法給自己設個高標準的任務。

金錢：

你雖然有機會一夜致富，卻拿了一些不該拿的錢，貪小失大。

惡魔幸運數：

3、6、7、8、9、12、15、21、66

◉ 惡魔的一生

混亂、貪戀冒險、犯罪，貪得無厭的一生。

▼ 正位：

正位的惡魔集中精力，往物質方面發展，超出自己的現實面，忽略精神感受、控制，目前很可能面臨無法離職或解脫的生活或工作在惡劣的環境。不斷追求精神與物質上的進步，走火入魔。

在情感方面的掌控力讓對方已超出難以忍受

地步，雙方處於金錢皮肉上的關係。逃離、離婚、互相欺騙，此刻要退守居安思危，有備無患才能終結惡魔的人性沉淪悲劇。

職場：

要努力，果斷去除困難，想辦法擺脫惡劣的人事困擾。

財運：

相當渴望金錢比原來的預定收入減少。

感情：

得理饒人、不要太過控制對方，感情才能長久。

學業：

求知慾旺盛，易受誘惑分心。適度調整可獲得啟蒙。

▼ 逆位：

擺脫誘惑、從侷限控制中逃出、拋棄慾望邪惡的不幸、小氣卑劣、盲目追隨心術不正事物、害人害己，邪術色慾與物慾纏身、自己得不到的別人休想得到，破壞社會風氣的不良行為，已開始有了良知上的反省、脫離。夕陽無限好只是近黃昏，小事可成，大事則敗。

職場：

有隱憂，小心為上，短暫的光明，人為造成的困擾。

財運：

不好，可能有因貪小財而賠大錢，人就因貪而變窮。

感情：

注意對方人品，防對方欺騙或利用你來達成個人目的。

學業：

還可以，比之前願意努力，雖然還沒獲得很大成效，但有機會。

🔮 惡魔的今天

職場：

誤會開始，充滿誘惑的承諾陷阱、難產的客戶或工作處境。

財運：

有強烈的物質慾，小心過度消費帶來後續的

負債。

愛情：

　　受金錢、美色誘惑，陷入不正常的感情陷阱。

考運：

　　不好，平時不努力臨時抱佛腳，小考平、關鍵性大考不好。

| 高塔 |

火星 問題牌 變動 損失 分手

　　災難、破壞、不安、措手不及，被人破
壞拆散，高塔是一張意料外的、沒想到的事情突然發生劇變，讓人受到驚恐無法接受感到悲傷，人生的改變有如計畫趕不上變化，婚姻、感情、事業、破產事件等必有一樣遭到受重大打擊，讓你搖搖欲墜、烏煙瘴氣，造成你的人生有史以來的慘重損失，大事落空，小事難成。

高塔的人際，是因為你曾經的經驗、惡意的中傷和打擊，甚至是天災人禍等造成你的人生觀已有些變調，情緒失控、反覆無常、難相處，別人也不大願意和你打交道，因此也讓你失去別人的配合度與合作，你應該端正態度、突破人事上的困擾，打開人際局面會為自己爭取外援的機會。

高塔所面臨的工作事業局勢，已經面臨嚴重的考驗，而這種考驗的代價慘重，因為你將面臨一些工作事業上的厄運，如被解顧，或事業經營不善、破產等帶來非常大筆的經濟損失或是天災人禍造成的意外打擊，被迫重新考慮出路，或因工作事業所導致的人際關係緊張，人事衝突很可能一觸即發不可收拾。

人物：

　　破產的人、被囚禁的人、不悔改的人、佞臣、自大的人、慌亂的人、失敗者、難民、消防人員、救難人員、傘兵。

職業：

　　媒體、消防隊、徵信社、守舊派、拆除業、廣告業、廚師、美食業、美容業、火葬業、全面改革的規劃區。

健康：

　　腎藏、眼疾、心臟、婦女病、燙傷、肌肉系統、精神功能、迷糊失意症、神經系統、生殖器、併發症。

處所：

　　破舊住宅區、危樓、爛尾樓、等待翻新的重建區、高樓、災難現場、建築工地、廢墟遺跡、破產城市、烏煙瘴氣、等待收拾的爛攤子。

態度：

　　傲慢、自作自受，渴望得到解放，立場搖擺、不知所措、一塌糊塗。

感情：

外遇爭吵不斷，需要一段療傷的時間來撫平這段感情所造成的創傷。

工作：

事業危機，降職減薪，經營不善，擔心的事情遲早會發生。

金錢：

有出無進，負債累累，經濟損失慘重，經營失敗，投資方向錯誤、破產、倒會、投資失利。

高塔幸運數：

6、7、9、13、16、44

❀ 高塔的一生

好事總是別人的，壞事總是自己的，倒楣的一生。

▼ 正位：

突發的事件、情況逆轉、強制性的終止、崩潰、不好的局勢、災難、痛苦、逆境、毀滅。這張牌特別代表無法預料的劇變，或當事人長時間被逆境所困，包括婚姻、家庭、工作環境、苦心經營的事業，現在要以驚天動地的改革精神，突破以往的惡劣環境，希望把自己解救出來，遇上高塔的人，凡事凶多吉少，要居安思危，凡事三思，防火災。

職場：

不要急功近利，要有恆心，突破原有的經營方有所轉機。

財運：

萬事開頭難，先損失後得利，要有信心，慎防官司。

感情：

意見不合，情緒不穩，防小人惡意介入搞破壞。

學業：

學習能力落後需規劃學習的先後順序，慢慢提升。

▼ 逆位：

瓦解、內部有問題、壓迫、入獄、暴政，你的身邊隱藏著一些不可預期的事件即將發生變故，這是驚天動地撕破人心的悲劇，有如生離死別破壞力強，遭受的精神打擊、信心掉進谷底。如果是應考、面試、考核，已經迫在眉睫，恐怕你得有心理準備，提早痛下決心投身挑戰。

職場：

營業不順遇到麻煩、是非，小人作梗，有障礙要克服。

財運：

財運不順有破損，大財不通，小額經營勉強維持。

感情：

個性不合，情緒不穩，要維持下去就要互相謙讓。

學業：

有困難要突破，振作起來透過努力還有機會挽回成績。

◉ 高塔的今天

愛情：

不可預期的破碎事件發生，今天的場面是以前錯誤的期待所造成的挫敗。

金錢：

面臨不可預期的財務危機，或精神恍惚、掉錢包、破財的一天。

工作：

有突發狀況讓你今天的工作無法按計畫進行，氣氛混亂被迫結束。

考運：

用心不專，成績不理想，數學、理科要加倍努力K書。

| 星星 |

水瓶座　解決牌　希望　許願　未來

　　理想主義和個人主義濃厚，意志力堅強，
也有破壞力，清晰的組織力及活力與目標。工作與愛情都保持自己的想法。即使別人不看好的事情你同樣做得好。孝順、時尚溫柔，氣質、善解人意，給人留下最美好的印象。

社會與人際，得人疼愛受歡迎，氣質優雅、散發出青春動人、給人藝人般美麗動人的誘人美態，能擁有星星牌好運的你，很多事情總會往好的方向發展，整體運勢就相當喜從天降，常得幸運之神的眷顧，心想事成，希望無窮，星星牌的好事似乎晚上的時空比白天來得更旺。包括你的行業，比如演出、秀場、夜間營業等。

人物：

臨考官、評審人員、夜班人員、領航員、星相家、代書、文書、證件申辦相關人員、攝影師、企劃人員、藝人、畫家、漁夫、水手、水電工、義工、解說員、美人、理想主義者、空想的人、特異功能的人。

職業：

社會改革、發明、創作、考古、天文、通訊、作家、演藝、秀場、服裝業、裝潢、布景。

健康部位：

　　小腿、腳踝、淋巴、水腫、抽筋、肌肉彊硬、關節、過勞疾病、耳疾、腸胃、手腳損傷、中風、感冒。

處所：

　　充滿藝術或類似藝術領域，有濃厚的藝術環境，浪漫優雅、繁星點點、夜景舒適的住所，天文台、水池邊、魚池、網際網路、太空、網咖。

態度：

　　簡單真實、清純，有很多的理想與願望，你對我好我會對你更好，因此而獲得更好的回報。

感情：

　　能找到理想的伴侶，感情發展順利，是朋友又是情人，堅持走下去，未來會更美好。

工作：

　　在工作上很容易得到同僚的支持與配合，工作愉快，但大部分與夜間工作有關更理想。

金錢：

　　常有意想不到的金錢收穫，尤其是經營夜間

行業會有更好的收入。

星星幸運數：

　　1、3、4、5、17、21、23、32、61

⊛ 星星的一生

　　幸運、總會有人相挺，夢想成真的一生。

▼ 正位：

　　希望、啟發、前景明朗、充滿理想、決策、才華、名利、信心、星星之火足以燎原、可追求喜歡的對象。對彼此的期望過高。可靠著某些專業專才發揮獲得額外特賞。胸懷大志，夢想成真，單純充滿希望。

　　你的好運持續上升，只要你對自己有信心，對任何事情都不要輕易放棄，釋放你的熱心和溫和，你會擁有更多的支持者出現，能事半功倍，夢想成真。

職場：

　　成敗一線間，和氣謙虛積極行事，把握時機，不要眼高手低。

財運：

　　有得有失，漸漸好轉多加小心運用，可得金錢進帳。

感情：

　　雖相愛，條件太高超完美，所以造成兩人的壓力產生波折。

學業：

　　你想要的成績都能心想事成、順利如願以償，一鳴驚人。

▼ 逆位：

　　衰老、力不從心，悲觀失望、迷糊狀態，目標過高、自大、傲慢、無力。打擊後的信心不足，偷竊、窮困、被遺棄。如果你還迷戀過往，將會失去更多美好的選擇機會。顧慮太多，失去信心，表達有問題，無法面對失敗所帶來的事實，所以容易錯失難得彌補過失的機會，悲觀造成的衰運。單相思執迷不悟。

　　表面不錯，其實不佳，總的來說事情反覆不

定，負擔重困擾多。精神恍惚防車禍外傷。

職場：

　　人事不順，得不到支持，疏遠，力不從心，宜守。

財運：

　　理財不當造成的損失，大財運不順，小財勉強維持。

感情：

　　婚姻難成、沒有結果的愛，是非太多、無法澄清事實。

學業：

　　期待越高挫敗感越大，考後結果比預期有落差。

◎ **星星的今天**

愛情：

　　期望愛情發生，一個新的開始，以單純、真實迎接愛的到來。

金錢：

　　有金錢好運，有機會獲得意外之財、貴人相

挺，進財豐厚。

工作：

　　適合進行創意的工作，有很好的靈感順利進展、得到大家支持。

考運：

　　成績不錯，加油更上一層樓，可考進理想的院校。

XVIII

月亮
THE MOON

木

| 月亮 |

雙魚座 問題牌 晦暗 多疑 情緒 隱藏的敵人

　　敏感、直覺與神祕。想像力，個性多變難
捉摸，易受外在影響，多愁善感，詩情畫意，在猜疑中等待的過程。夢境、謠言、隱性的危險。月亮是一張負面問題比較多的牌。看不透摸不著，是靈感跟著感覺走的牌，猜疑和恐懼造成很大的心理壓力，沒安全感和生存保證，容易上當受騙的悲情角色。

社會與人際，你的多疑、不開朗、不信任，別人也無法和你好好相處，讓人感到你情緒不穩定、不好相處、心機重、難以理解和接近。其實你真的因好壞不明、是非難分而感到絕望。

工作事業，容易遇到陷阱、仙人跳、混雜、矇騙、狀況不明的行業。由於種種的不安全感，讓你的情緒給工作造成一些不必要的人事困擾，易犯小人，好的工作機會也相對少，力不從心，事業不順，經濟不穩。不是你不做，而是你無法遇到適合自己的工作環境。

人物：

行政人員、妒忌心重的人、隱藏的敵人、演

員、醫生、護士、催眠師、作家、諮商師、化妝師、老婦人、雙面人、善變的人、大騙子、幻想的人、藝術家、膽小鬼、容易緊張的人、夜貓子、間諜、對手、貪污的人、叛徒。

職業：

中醫、製藥業、園林栽培業、茶農、創作、藝術走廊。

健康：

神經衰弱、夢遊、黃膽、牙痛、骨骼痠痛、手足外傷，腦瘤、中風、婦女病、失眠、分泌系統、肥胖、更年期症狀。

處所：

陽光不足、老舊住宅區、死巷或地下室。潮濕地帶、天然的洞穴、荒野小道、暗流港口、馬頭。

態度：

狀況不明朗、拖泥帶水，對事情來龍去脈無法交代清楚。

感情：

多愁善感，夢幻的愛情，傳說月宮裡住了吳

剛和嫦娥，但沒人親身體會過。感情悲劇，人品有問題、騙局一場。

工作：

工作運衰退，目前的工作沒安全感，但無法找到更好的退路，容易誤入招募陷阱，對將來何去何從感到擔憂。

金錢：

財務狀況不明，或他人代管，自己到底有多少錢不清楚，要過問免得日後吃苦。

月亮幸運數：

2、4、8、13、18、20、22、28、33

◉ 月亮的一生

多愁善感、悲觀失望的一生。

▼ 正位：

開始萌生不安、欺騙、危險、不可告人的、另有目的、隱藏的敵人、毀謗、黑暗、恐怖。你有過人的想像力和神祕的力量，預感讓你有幸避開一些不必要的麻煩，或看破別人的詐騙手法。

你的靈感能證明一些真相的事實。時運未通禍不單行，易遭事故，是求職和轉業的低潮期。

職場：

目前運勢不通，要忍耐不宜急著改變，等待時機。

財運：

雖有些不勞而獲意外錢財，但收入不穩財來財去。

感情：

對感情懷疑沒有誠意無法定局，隱藏矇騙、長輩反對。

學業：

不樂觀、基礎不紮實，審斷答案沒把握，考試的心理素質難把關。

▼ 逆位：

多餘的不安、不穩固、善變、比正位的月亮程度較輕的欺騙和錯誤，表示當事人感到不安、迷惑與恐懼、沒有信心，情緒化、不如意的事都相對的減輕，一切有待轉機。

莫名其妙的中傷，脾氣不好，情緒失控，倚

老賣老，撒謊，露出檯面的事都不是好事。表示毅力不足、容易懈怠。孤獨感。多暗示目前的事情尚未穩定或聚少離多。

職場：

打消雜念，維持現狀是最好的選擇，改變不利。

財運：

不利投資，財進財出，如過路財，要避免帳目不清。

感情：

雙方性情不合，出現裂痕，互不信任有危機。

學業：

理科的成績還不錯，但文科就沒那麼理想了，要下工夫趕上進度。

◉ 月亮的今天

愛情：

對愛情充滿遐想，有可能是盲目的愛情，談不上以後的發展。

金錢：

財務狀況不清，不善理財，今天沒有進帳，要注意金錢的流向。

工作：

對現在工作感到迷惑，不知如何運作，有人暗中搞破壞。

考運：

成績不理想，有待加強，不要悲觀要努力。

XIX

太陽
THE SUN
金

| 太陽 |

獅子座　結果牌　光明　重生　熱情

　　有活力的企業陣營、煥然一新面貌，努力後的成果，獎金、分紅。提到太陽牌，就讓人感到處處充滿陽光，熱情如火，受大家祝福的幸運兒。

　　總有用不完的能源，精力充沛，活力、積極主動。就像太陽底下生活的人一樣，人生到處都充滿了正向的能量，雖然辛苦但能排除萬難，讓你凡事暢通無阻，太陽也是最幸運牌之一，在這裡暗示成功的男人的影響力最大。

　　太陽的社會與人際，能把你帶到一個眾人喝采、掌聲四起的氣氛，讓你得到眾多支持者的鼓勵，人脈廣、左右逢源。散發你的熱情與愛心、青春與活力，為未來成功的平台創下更有利的基礎。

　　太陽牌的工作事業成功，百分百能讓你一帆風順四海風光，影響力大，不管你是工作還是自營者，上得長輩力挺，下得部屬支持與配合，是升官發財的最好時機。家庭、事業和社會地位都獲得成功。

人物：

　　嬰兒、兒童、父親、快樂的人、好朋友、發明家、科學家、成功人士、合夥人、伴侶、投資商、理性的人、熱情的人、樂觀的人、自信的人、主管、老闆、騎師、指揮官、掌旗者、土木工人、藝人、教授、得勝的一方。

職業：

投資理財、股市、基金會、演藝事業、企業、教育、社團、朝九晚五的職業、寫作。

健康：

頭部、骨折、肺功能、中風、腸胃病、手腳、肝病、中毒、眼睛、腦、血液循環、呼吸道、氣喘、子宮、心臟、循環系統。

處所：

大場面、熱鬧繁華、具有現代都市景象、娛樂場所、電影院、戲院、陽光燦爛沙灘、陽光浴海灘、頒獎大會。

態度：

溫和樂觀、慷慨大方，力挺到底、光明磊落。

感情：

一片真心，攤在陽光下讓誰都知道，幸福美滿，愛你就負責到底。

工作：

經商得利、職場得志，團體力量影響大，機會、升官發財，經商人士生意興隆。

金錢：

理財有方，財運旺盛，經營得利，做什麼就賺什麼，投資股市、基金、黃金等獲利匪淺。

太陽幸運數：

0、1、2、10、50、19

🌞 太陽的一生

光鮮亮麗、青春活潑，努力成功的一生。

正位：

光明、生命力、新生命的來臨、明朗展望將來、物質上快樂、幸福滿足。熱情主動，為了自我達到成功的目的，奮力向前勇於追求，有孜孜不倦的精神和多才多藝的本錢。能給人溫暖的照顧和親切的關懷。大格局發揚光大，眼光要放遠，要有雅量接納別人的意見，名利皆來風華畢露。

職場：

貴人多助，效益倍增，眾望所歸，名聲遠播有望更上一層樓。

財運：

財運旺盛、名利皆來，有更多的錢財進帳。

感情：

喜事發生，可遇到好的對象，但不須過多的甜言蜜語。

學業：

聰明伶俐的你學什麼像什麼，好好發揮你的實力足以過關斬將。

逆位：

不快樂、灰心、失去朝氣、遲來的成功。對目前的成功不滿足，太陽牌的正位與逆位都屬正面意義，只是逆位稍弱不謙虛、認為自己了不起，高傲造成的阻力，說大話，判斷錯誤，無法按時完成任務，效益差，浪費時光。短期人事稍有不順，可以適度的請客凝聚人氣，破點錢消災，能力將會得到肯定。

職場：

經營順利，但不適合貪心擴大，等待更有利的時機來臨。

財運：

現在財運平順，見好就收，開始轉順以後會更好。

感情：

雙方個性剛強，互不低頭，宜調整心態。

學業：

精力充沛，貪玩會影響你的學習課程，小心成績下滑。

☀ 太陽的今天

愛情：

人緣好，感情升溫擁有非常美好的愛情關係，光明磊落的愛。

金錢：

有機會賺更多錢，錢事看好有新收入，但賺得多花得也多。

工作：

貴人相挺事半功倍，充滿活力，表現亮眼，屢創佳績，得到老闆、主管的喜歡。

考運：

對自己的努力很有信心，應考順利，成績理想，恭喜了。

|審判|

冥王星 中性牌 決定 宣告 因果

　　判決、因果、業力、再生、解放。審判是一張宗教色彩濃厚的牌，不管面臨好事還是壞事，由自己主導，要跟隨自己的心靈召喚，也是一種業力的因果關係。當審判出現時，你的關鍵時刻到來，你要勇敢而真實的面對自己，因為擺在面前的都是真實的機會，會有奇蹟發生，大多數的條件對自己是有利的，你的收穫由你的行為來決定。

　　審判的社會與人際關係，尊嚴謹慎、以理服人，好惡分明、善惡有報，對人對事態度明理、就事論事，所以對於社會和團體有一定的影響力和號召力，是非分明的原則。

　　審判的工作都是好事，開始出現轉機，有意想不到的生機和可靠的息信，如果你遭遇過事業的挫折，現在有轉機，東山再起，是轉換工作的好時機，願望可以實現，以你的實力等待消息。

人物：

　　仲裁者、高階的司法人員、夜間的工作者、更生者、鑑定師、美容業、養生會館、資源回收業、驗收人員。

職業：

　　環保、藝文、社會公益、行銷、心理學、政治、保險業、法院、檢查委員會。

健康：

　　內分泌、生殖系統、精神疾病、頭、呼吸及消化系統、身體的上半部、體弱多病、意外事故、手、耳、胃、腎部、慢性病。

處所：

　　修道院、教堂、靈修場所、充滿宗教色彩的場所、墓園、加護病房、記者會、產品發表會、音樂廳、公布大會、宣傳大會、大場廣眾場所、等待即將揭撓的事件

態度：

　　就事論事、有理就說，不要拖泥帶水不明理，對誰都沒好處。

感情：

　　有機會破鏡重圓，但要避開翻舊帳的言語交鋒。

工作：

進行新的改革方向，有機會重振事業，轉行擴建開創新局的好時機。

金錢：

財運好轉，繼續努力，陸續有小額進帳。

審判幸運數：

4、13、17、20、29、38

◎ 審判的一生

關鍵時刻的一生，也是因果循環的一生。

▼ 正位：

地位改變、再生、結局，或是法律效益逆轉勝。回復、喜訊、決定審判的時刻、公開。積極改革、選擇新的人生方向，動員起來，重新運作，機會重來，把握當下義不容辭，這是經過變革後難得的成效，當下的決策影響未來的一切。轉業、二度婚姻、舊情和好，或透過和解圓滿解決困難時刻。說清楚講明白，避免拖泥帶水。諸事順調，事業、財運欣欣向榮，謹防得意忘形。

職場：

　　順利、穩定，按照你的規劃順利進展，不受身邊的情緒影響。

財運：

　　正財不錯靠自己的實力賺錢，無偏財運，不貪來路不明的錢財。

感情：

　　感情平順，夫婦恩愛。作息不同的伴侶互相體諒調整、破鏡重圓。

學業：

　　皇天不負苦心人，一分耕耘一分收穫，奇蹟就在現在。

▼ 逆位：

　　表示因習慣冷漠而疏遠、離婚。損失、對自己不公平的、不利的，你都記恨在心，無法放下的過往、記仇，找機會報復，有心結的人找麻煩製造事件惡意攻擊。小心交通、健康和財務出問題。若趁機充實自己有機會挽回部分損失，凡事冷靜為宜。

職場：

宜守不宜攻，現在還不是出手的時候，靜待機會。

財運：

財運相當不理想，命裡有終須有，命裡無莫強求，平常心就好。

感情：

情不投意不合，因習慣不同而冷寞疏遠、害怕失去還是失去、離婚。

須認真瞭解對方的人品、家境狀況再說，不要勉強。

學業：

只要你願意多檢視犯錯的經驗，就有絕處逢生的機會。

◉ 審判的今天

愛情：

有機會澄清事件，避免互相挖苦，尊重、告白，和解就有希望。

金錢：

可以嘗試新的投資組合，改變理財方式會有財務進展機會。

工作：

新的改革、新的工作方法，自然帶來進展，要有行動力。

考運：

集中精神，把時間放在念書方面，加強數理科是必要的。

XXI

世界
THE WORLD

世界

土星 結果牌 昇華 幸福 名聲比利益來得快

　　世界牌是最好牌之一，是成功的頂端，稱之社會名流富家子弟。無論是社會、家庭與個人成就都圓滿成功，這是最高境界的成功和努力的結果牌，是圓滿的人生大結局。為了下一個階段，你可以考慮安排一些長途旅遊，也可以考慮換個環境或移民，放鬆一下精神來總結成功的經驗，讓下一波的成功更精彩。

社會與人際是勸人為善互相幫忙，維護合法的婚姻家庭，是男人和女人的最佳結合體。人力資源和物力資源合成最豐富產業的物質世界。為人類帶來的富足應有盡有，

工作事業，千里馬遇到伯樂成功無疑，大的格局和大的成就讓你登上世界高峰，求名得名，求利得利，高職位和高收入讓你史冊留名，創下事業最高版本，名揚遠播與實際利益來得更大。世界走完了完美人生大結局，但下一波的開始另有一種準備，或許你有些不習慣，是否考慮退休了。

人物：

豪門千金、富家子弟、大家閨秀、創業家、

領導者、偷渡客、空服員、舞者、快樂的人、心地善良的人、受祝福的人、科學家、公務員、資深員工、守舊的人、不知變通的人、一份工作做到退休的人。

職業：

移民機構、有機產業、外事辦、旅遊公司、大型企業、跨國企業、統計學、工程設計、建築、音樂、旅遊業、安養中心、國際航空業。

健康：

皮膚、骨質疏鬆、心臟病、頭部傷害、手術後遺症、牙齒、膝蓋、肌肉痠痛、四肢、肝、膽、酒毒、風濕、筋骨痠痛、呼吸及消化系統。

處所：

大團體、大機構或海外結盟聯營、莊園、別墅、大家族、華麗豪宅、大坪數高級住宅、寬敞舒適華麗俱樂部、遠居海外、國際大廳和航空大廈。

態度：

心地善良，展現大愛精神，能幫就幫，堅持始終如一。

感情：

維護婚姻鞏固大老婆地位的福星，門當戶對名門正娶，能得到好姻緣，幸福美滿。

工作：

能在大機構、大團體或海外工作、外派機會多，高階資深，事業有成的女性代表更佳，收入也非常豐厚。

金錢：

大財團、大商圈、多角生意興隆，適合賺旅遊業或遠門生意錢事看好。

世界幸運數：

3、4、7、8、21、43、55、99

世界的一生

有錢有勢、多方成就、幸福美滿的一生。

▼ 正位：

實現遠大目標，放眼世界，超連結。確實的成功、報酬、移民、航行、改變地點。到達顛峰的滿足，關鍵時刻有人相挺，計畫和目標達成。現在是收成和有條件享受的時候，同時也是規劃和再創高峰的下一個階段準備開始，但不要得意忘形。

職場：

　　諸事如意，天時地利人和，你會一切從人心願。

財運：

　　正財運比偏財運旺，辛苦換得的報酬，或分得約定紅利。

感情：

　　感情平順，夫婦恩愛。有情人終成眷屬，有愛慕者出現。

學業：

　　一直以來的學習計畫讓你發揮自如，全面成績優異完成。

▼ 逆位：

　　固定不變、美中不足。從愚人經歷世界整個旅程。世界牌是代表天地之初，萬物之始，有著開創新的局面、突破被約束的現況，所以讓愚人一路走來跌跌撞撞、有得有失、終結完美的大世界。目前有些不順，不要逃避放棄，現在的考驗決定未來成功，不要給未來造成遺憾而後悔，功虧一簣，不要摔倒於臨門一腳，堅持多充實，自得順利。

職場：

開始不穩，是關鍵的時刻，不要放棄，堅持就是勝利。

財運：

收入與支出勉強維持，不要做多角投資，分散資金不利。

感情：

要有耐心等待感化對方，小心身邊有小人落井下石。

學業：

你的學業不盡人意是自己造成的，用心不足、心神不定當然學業不盡理想。

◉ 世界的今天

愛情：

實現自己的願望，遇到知心的伴侶，走入穩

定的關係。

金錢：

　　適當做些長遠的理財規劃，把雞蛋放在不同的籃子裡，日後可多方進財。

工作：

　　計畫圓滿達成，今天的努力是明天的成功顛峰，要有走長路的眼光。

考運：

　　不要不耐煩，要加強努力，否則成績會下滑。

第三章

愛情篇／占卜的力量

　　塔羅牌的特有外在表現與內在潛能，反映了人類所有生活的真實寫照、濃縮版本，生活中，透過占卜師以最生活化的轉達方式，讓當事人有充足的應對準備與該得的效果，不再懷疑你的生活、人的歸宿種種，透過以下的預測讓你更加瞭解自己。

第一節

你容易得到誰的最愛

女皇

愚人

惡魔

皇帝

審判

戀人

◎ 女皇

女性貴人最愛你。有錢有勢或在社會團體裡有一定的主導地位或影響力的女性貴人，能助你一臂之力，你目前處於天時地利人和的有利階段。只要你表現出溫和有禮貌、上進的心態，你會得到事業上的提拔和生活上的照顧，女皇幫助你將成為好命好運的幸運兒。

◎ 愚人

關鍵時刻給你忠言的好朋友最愛你。你的生活將面臨一些選擇的事情必須面對，不管是自願還是環境所造成，在某些不得已的狀況下，你的出發點並沒有經過成熟的思考，包括你的感情生活、轉工、創業或生活起居，不小心將會給未來造成很大的麻煩，這時候朋友會給你最寶貴的建議。

◎ 惡魔

你得不到任何人的最愛。你的處境錯綜複雜，生活一片混亂，並且被壞心眼的小人纏上，或在複雜的人群中工作，你會很傷腦筋地周旋在危機四伏的環境中，小人得志、惡搞扯後腿，讓你工作起來阻礙重重，並且得不到公平的待遇，被敲詐勒索。你的也是他人的，他人的絕對是他人的，你被可惡的小人吃定了。

◎ 皇帝

　　男性權威人士、主管、老闆最愛你、欣賞你。嚴師出高才，在你的工作事業中，出現在你身邊的權威人士，平時對你的嚴格要求特別多，是因為有心培養你，能讓你平步青雲，機會難得好好把握，要懂得好好與這位貴人保持互動，下一個被提拔的人非你莫屬，只要你表現出穩健、成熟、負責能擔當大任，並把你的專業同時表現出來，你將前途無量。

◎ 審判

　　沒人支撐沒人疼，只好自己愛自己。處事為人憑實力，大事小事一肩扛，凡事謹慎，認真努力。支持你的人沒有，找你碴的人很多，被小人惡意攻擊、搞破壞，最近周遭靠近你身邊的人都一個比一個脾氣失控，或遭到曾經與你有心結，或不小心得罪過的人、記仇的人刻意找機會報復你，人事不順、工作不配合，求人不如己、萬事求自己，只能自己自求多福。

🏵 戀人

　　老公、情人、家人朋友、工作夥伴都愛你。你的人氣旺盛、人見人愛，處處受歡迎，在家老公愛，在外情人愛，人逢喜事精神爽。已婚者夫妻恩愛，未婚男女將有好機會愛神降臨，會有不錯的心儀對象出現，要好好把握喔！還不想談戀愛的人，工作順利，合作愉快，容易得到主管、老闆和工作夥伴的最愛。

　　在愛的世界裡你最想瞭解對方什麼？如何找到自己的真愛，你想知道你在對方的心目中是否佔據了屬於自己的位置嗎？能否把對方的心歸屬於你。透過塔羅的信息傳遞，讓你做感情的主人，心中有數。

第二節

我想談戀愛情人哪裡找？

 愚人

▼ 正位

愚人
THE FOOL 土

目前你想要談戀愛是一件很容易的事，以你本人的自身社交條件，交友廣寬，好客活潑，四海皆朋友，只要敞開你的心胸，伸出你的雙手，任何一個交友圈都能讓你找到談情說愛的對象，但雙方都要多加瞭解，尤其是價值觀與生活喜好，如果想走長長久久的路，未必是理想的條件，多少都摻雜著未知的冒險成分，還是多加思考為上。

▼ 逆位

目前沒有任何管道能讓你找到符合自己的對象，或你自己本身的條件容易被人挑剔，所以這

個時段你所處的環境都不會出現適合的對象,你最好將這段空窗的時間為自己多做些有意義的事或規劃些必要性的生活,把談情說愛的慾望帶到另一個生活方式,讓周邊的人看到你可愛的一面,用不著你為感情的事煩心,就自然有人欣賞你,主動向你示愛。

⬢ 魔法師

▼ 正位

以你個人的自身條件、風趣幽默,逢人都能以笑臉相迎的交際手腕,要找個談情說愛的對象是唾手可得的事。現階段不管有任何社交活動都不要拒絕,只要你願意犧牲些個人時間,多參加一些團體活動,包括單身聯誼或朋友聚會、秀場等任何一個有

意義的活動，在廣闊的人脈中，你的選擇機會很多，而且條件也不錯。

▼ 逆位

目前在你的心目中充滿了愛的希望，很想好好談一場戀愛，而且你已經拿出行動力，但效果並不如你所願，讓你感到有些不甘心，你還是繼續努力，儘管如此，也找不到理想的對象，這時讓你產生了往外發展的念頭，但還是沒有多大的成效出現，這時候你應該檢視自己的目的，一動不如一靜，尤其是在熟悉的環境、老地方會有理想的對象出現。

女祭司

▼ 正位

不太重視談感情的你，即使具備了更有內涵潛能和第六感智慧，很注重細節的內在心裡感受，但你或多或少必須接受一些現實與理想的感情狀況，即往往你所渴望的情感對象與事實有一

女祭司 水
THE HIGH PRIESTESS

定的條件距離。你的生命中與神祕學或神祕的領域世界很有緣分,因此你的戀愛管道最好也往宗教、研習、靈修等場所,會給你創造更好的機會,容易出現與你心靈比較容易溝通的戀愛對象。

▼ 逆位

你想談一段感情已不是現在的事,在心裡已經渴望了好一段時間了,但又不知如何開始,到哪裡去找可以讓你遇到戀愛對象。光想沒有用、你必須付諸行動,感情別人無法代替,你應該要親身去體會,談感情沒有固定的場所,敞開你的熱情、勇敢地去追求就對了。最好避開透過女性朋友介紹,因為這些過程中容易產生是非導致你的感情失敗或傷害。

女皇

▼ 正位

女皇
THE EMPRESS
土

你不需要為感情的事情有任何的擔心或刻意的追求，福人自有天相，你的熱情與溫柔讓人感到有幸與你在一起是一種福報。你天生就是愛神最寵愛的享福人，只要有你出現的地方就很自然吸引到很多的追求者，只要你走出去，尤其是安排一些旅遊或一趟出差的機會，或多接觸大自然的世界，保持輕鬆愉快的心情，而且出現的戀愛對象條件都不錯，未來你將會得到被祝福的婚姻生活。

▼ 逆位

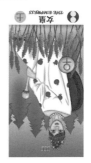

你想談戀愛是一件好事，你雖然渴望愛神的到來，但心裡總會存在一些障礙，想歸想但態度有些時冷時熱，偶爾心血來潮會很衝動，在不經過認真思考的狀況下，一時的衝動所追求的感情

對象大多是些有問題的人選，所以失敗的機率也很高，既然如此，不如透過別人幫忙介紹，旁觀者清，讓其他人幫你瞭解對方，你會免得日後吃虧。

◎ 皇帝

▼ 正位

皇帝
THE EMPEROR 火

看你很有派頭的樣子，工作事業做得有頭有臉，最起碼也是人才中的後起之秀，但談感情不是打江山，打江山就像煉鋼鐵，談感情要柔情似水。你容易把工作上的公事公辦模式帶到感情的世界裡，因此你不太適合自己找到理想的戀愛對象，你最好還是透過別人的幫忙介紹，來傳達你的愛意，尤其是與你相比有一定的輩分或地位、上司貴或人幫忙介紹更為理想。

▼ 逆位

你現在不是談情說愛的好時機，最好不要把

時間和精力投入感情的事情上，目前談感情對你來說只是浪費你的時間和精力罷了，不會給你帶來任何的感情收穫，談感情對你的事業來說，真的會造成一些影響，也是未來的傷害，最好先把感情的事情放下，把身邊的事情做好再說，主因是現在沒人支持你談感情，也沒有理想的對象出現。

◎ 教皇

▼ 正位

你人生的大部分幾乎都離不開老一套形式，就是傳統的生活、傳統的觀念、做事情總適合傳統的操作方法和傳統的婚姻觀，所以時尚和浪漫的戀愛你不會把時間和感情投入，但老少配和教育背景、社會地位、價值觀的差距你都可以接受，生活穩健

負責、有保障。所以你最好透過親友、長輩的介紹，而交往的過程中大多透過書信來往。自己找不如別人介紹的好。

▼ 逆位

你目前的所處環境，和所接觸的團體人群，大部分都是同等平輩階級，比較有利發展你的感情世界。相反，看似老練、頭頭是道的假好人會把你耍得團團轉，並有阻礙你的感情發展或容易遇到愛情騙子。選對環境很重要，自然就有對的人出現幫你的忙。這時候能讓你找到戀愛對象的可能性，是同學平輩或新認識的朋友圈都有可能幫你介紹到好對象。多接觸類似的人群管道找對象更容易。

戀人

▼ 正位

目前你的人氣指數超旺，異性緣非常好，正是談情說愛的大好時光，不管你走到哪裡，都散

發出青春的活力，魅力十足引人注目，再加上你那熱情火辣的衣著打扮，自然引來眾多追求者的目光，任何一個場所都有可能出現心儀對象，或任何交際場所和親戚、朋友的介紹都能讓你的感情如魚得水，如果你很想要現在好好談一段感情，就把握現階段的好運，不要讓機會從身邊溜走。

▼ 逆位

逆位的戀人在你感情中出現都不是一件好事，總會讓你愛錯人，遇人不淑，不管是你本身還是對方，都無法守住自己的感情目標，很容易花多眼亂、看走眼，愛所非人，容易遇到外遇者或你自己就是破壞別人感情的第三者，總之不管什麼管道或方式無法讓你找到理想的對象。建議你對待感情要自愛和多瞭解對方，現在不是找對象的時機。

◎ 戰車

▼ 正位

你那熱情奔放、敢愛敢恨、做事快速快決的作風，對待自己的愛情也是一樣，喜歡打打鬧鬧、有說有笑，而喜歡的對象類型也是一唱一和的配對相處方式，才讓你找到談戀愛的感覺。所以你的戀愛對象不適合媒介和任何婚姻仲介，甚至相親方式所認識的對象都不是你滿意的對象，唯一最理想的戀愛對象還是靠自己尋找的自由戀愛或透過各種社交聯誼活動找到的才能滿意。

▼ 逆位

你那橫衝直撞、粗心大意的個性，好對象不太容易在你身邊出現，就是偶爾有好的對象出現也容易被人搶走，當你的感情受挫時，你將無法面對自己的挫敗找到解決的方法，在這種狀況下

你的心情就像洗三溫暖一樣，無法定下心來好好瞭解對方或培養感情，刻意追求易惹事生非，愛錯人。倒不如調適自己的心情，把精神轉移到有意義的事情上，自然有人看到你的優點，主動向你示愛。

◉ 力量

▼ 正位

在愛情中能散發出你的堅韌不拔精神，堅持到底，為追求屬於自己的愛情，不離不棄、默默守候和盡職盡責讓人感到可貴，你的認真散發出無限的魅力，認真的女人最美麗，負責的男人有魅力，你那優秀亮麗的表現為你的戀愛營造很好的條件，只要你願意走出去，多接觸人群，找機會參與各式各樣的社交聯誼活動，或任何的應酬飯局場所，都可能讓你找到理想的對象。

▼ 逆位

目前你不需要投入感情的世界，周遭的人群氣氛沒有對你散發出很強的吸引力，你幾乎也不太積極主動考慮談情說愛的事情，事實上你不是不想，而是有些害羞或悲觀，要不就是信心不足，或心理建設不成熟，表現讓人感到扭捏，即使有對象出現讓你動心，也不是你要的理想對象。這時候你勉強追求也無法向對方把你的感情表達出來，出擊不如守候，讓有緣分的人找上門來好了。

◉ 隱士

▼ 正位

禁慾、傳統固守、自以為是的你，沒有特別的享受和追求，很多時候已經習慣了一個人的生活，或不太願意過著與人分享的生活，你的人生觀或感情世界是不是比別人老成。對於別人的建

議你大部分都採取不接納，你那
單調的生活有些離群，甚至是宅
男宅女，別人也無法瞭解你到底
選擇什麼樣的條件對象，你也很
難接受別人的善意，唯一就靠自
己找，既然如此就祝福你好好把
關喔！

隱士
THE HERMIT

▼ 逆位

你是否已過著好一段孤獨的
生活了，最近已深深感受到一種
莫名其妙的孤單，害怕感湧上心
頭，這時候你內心的世界渴望一
份感情的到來或心中想起曾經相
識的人並暗戀，但並不確定是否
有把握。那就重新開始吧！要打
開新的戀愛局面去尋找新對象，
你必須振作起來投入人群中，與社會多連結，多
與人接觸，才能有機會擺脫孑然一身的可能。

命運之輪

▼ 正位

命運之輪
WHEEL OF FORTUNE 　土

話說：踏破鐵鞋無覓處，得來全不費工夫。有些時候努力並不代表成功，成功也不代表你真正獲得想得到的東西，有些時候自然會讓你水到渠成。你的婚姻感情有如命運之輪是生命中的定數，一切老天自有安排，命運總為你做好準備，你不必要為感情的事做太多的安排和刻意的營造機會，你目前最好照往常一樣過你的生活，屬於你的對象自然會出現。

▼ 逆位

你目前正處於感情運低迷階段，你雖然很想談一段感情，但還不是時候，因為之前的機會你已經錯失了，現在只好做好下一次的準備，耐心等待時機成熟，就算你現在特意為自己營造任何

的戀愛管道，都無法幫你找到理想的對象，而且
很容易急中出錯，找到不對的人，所以你還是繼
續等一陣子才有機會。

🏵 正義

▼ 正位

　　正義是一張先有心理準備
認定才做出行動的牌，很多事情
不會馬上有結果，先經過一段時
間的磨合，進行明查暗訪才下結
論，所以你要馬上找到戀愛對象
不容易，而且要靠自己去完成這
件事真的沒那麼容易，最好是透
過別人的幫忙穿針引線，才有可
能完成你的心中大事。尤其是有一定影響力的人
士幫忙介紹，對你的助力比較理想。

▼ 逆位

　　高調放不下很容易讓自己與世隔絕，會失去
身邊對你有助力的貴人，尤其是異性的貴人，但
也不要太過放縱自己，讓人感到輕浮不誠實。如

果你想要找到新的感情對象，就
注意以上的事項，改變自己的為
人處世低調平易近人，讓你的人
氣活躍起來，讓更多的異性有機
會接近你，你找到好對象的機會
很快就到來，不管來自什麼樣的
場所都一樣讓你感到心滿意足。

倒吊人

▼ 正位

　　現階段你的感情運勢已降
到了冰點，你以犧牲奉獻，為了
別人無條件地改變自己，是一種
至高無尚的精神，但過於犧牲自
己往往變成相反的作用，自己扯
自己的後腿，過於改變自己是給
自己一種無形的壓力。對待自己
的感情世界最好不要急著為了促
成而投入太多無義意的犧牲，最好以換個角度的
態度來看待你的感情，讓事情冷卻一陣子重新出

發，或許會有與以往不同的新對象出現。

▼ 逆位

　　擺脫反方向的角度，看待問題的眼光自然增加了正能量的成分，對有問題的事情開始有一種莫名預感，所以你不再給自己綁手綁腳了，開始知道如何讓自己解脫，有了評估的心理準備，你會用心觀察與切身相關的事情，先謀定而後動是不會讓自己成為感情的犧牲品。所以你要把握好一些適合自己目前有所準備的相關活動，給自己有更多的溝通管道，將獲得更多經驗為未來多一分準備。

死神

▼ 正位

　　放不下過往永遠沒有新的未來，時候到了該放的就放，帶著太多老舊的思想包袱，或過於迷戀從前毫無意義的事物，將斷送未來的出路，儘管人生中有很多心不甘、情不願的事情，讓人進退兩難無法割捨，或暫時無法擺脫，事物是死的，人是活的，若不清醒，你將讓衰運繼續纏繞，任何事情都沒有擴展的空間。這時候最好鐵下心改革，多方嘗試不同的方式，或許還有機會獲得感情的一線希望。

▼ 逆位

你是否無法面對曾經的失敗而感到悲觀失望，現階段的你情緒低沉，不太願意面對一些過去的傷心事，比如莫名其妙的分手或感情受傷，人際上的挫敗，讓你感到世情如鬼，但也無法控制內心的需求，所以你必須面對再次挑戰感情的世界，把過去的人脈做個大清倉，重新開創新的人際關係，誠意與堅持你還是有機會找到真愛。

節制

▼ 正位

節制
TEMPERANCE 金

人際廣寬，你的溝通能力稱得上高手，但你還是注重心靈結合重於物質享受，重視人與人之間的互動，不要急著攤牌表白，要從平淡中建立一段先瞭解後順序發展友好，再走下一步的計畫，這叫找對象談戀愛，你的管道越多越好，任何社交團體都有可能讓你有機會認識新朋友，自然就有你想要的戀愛對象，當然你也可以透過任何婚姻媒介或別人介紹，多認識一個就多一次機會，始終都遇到好對象。

▼ 逆位

你的用心方向錯位，容易造成誤解或爭吵不斷，或是太多無意義的活動讓你愛上不該愛的人，語言不投機、沒有共同的興趣，話不投機半句多。時機不對沒有感情運，用上最多的管道也沒有用，對方無法配合你的生活，這段時間不管你花多少的心思在感情上都不會讓你輕易找到對象，不如調適心情對自己好一點，瞭解自己適合什麼樣的條件再找也不遲。

◎ 惡魔

▼ 正位

惡魔
THE DEVIL 木

缺乏誠意，大玩感情遊戲，以貌取人互相誘惑，或是雙方都存在某些不正常的、出賣靈魂的念頭，過於沉浸於人倫的關係中，大部分以物質換取的關係，所以偏激於以肉體或金錢做為征服感情的武器，扭曲人性的正常化。在這種狀況下，不管你有多少的管道，也無法讓你有機會找到真心實意的戀愛對象，這種關係將給未來帶來很大的麻煩，所以不如到聲色場所找樂趣好了。

▼ 逆位

雖然目前你有心想要脫離一些過去不好的環境或習慣，或結束一些沒有結果的關係，或為了擺脫某些感情麻煩，不想再處處留情的困擾，你會考慮在感情上重新發展。但事實上並沒有你想像得那麼簡單，因為你的感情運處於混亂階段，你還沒有找到好對象的機會，相反容易上當受騙，有人對你耍心機，小心愛情陷阱、仙人跳。

高塔

▼ 正位

你那不平靜的人事困擾或生活不順心，已讓你的情緒到達快要失控的地步，或面臨更嚴重的不愉快、即將發生的不好的事情來臨，越是這樣就越讓你想尋找另外的機會來為自己多一條出

高塔
THE TOWER 火

路，包括你的情路，在心裡總存在一些絕望、不安全，或是不願意的行動，最起碼預感已迫切，在這種情況下自己沒有太多的條件找到好對象，如果你真的一定要，就看你的思想能否突破以往不易接近的管道場所。

▼ 逆位

你目前的心情有些自找煩惱的狀況，對待感情是否要投入一段新戀情，你真的有些混亂，發展方向不明確，一談到感情幾乎帶來精神上的恍惚，若之前有過感情的後遺症，那說明你還沒擺脫感情的陰影，帶著這樣的心情去尋找戀愛對象是有危險的，不管何時何地都不會讓你找到好對象，現在的對象都不適合你，就此調適心情以後再說吧！

星星

▼ 正位

你正走在星光大道上，關鍵在於你對自己有

信心、有理想，尤其是女性的理想，往往比男性更容易夢想成真，不管是眼前的事還是將來的事，現在開始往正能量的方向發展，展現出新的機會、新的戀情、新的朋友，從中你會發現新奇蹟，很大的可能都由朋友圈中得到貴人力挺，給你介紹到好對象，自己多參加聯誼活動也有機會遇到心儀對象，發展網路戀情也不錯。

星星
THE STAR
火

▼ 逆位

目前你的感情運有些缺乏自信，不太相信身邊的事實，自己扯自己的後腿，還在幻覺中迷戀過往，對自己的前途還沒找到希望，太過高標準的理想化心態，導致願望難以實現，太多的想法沒有實際行動，你不容易找到理想對象，除非打破常規，親力親

為，幸福靠自己創造，想要談戀愛就自己努力去
找屬於你的對象，別人幫你不太容易。

◉ 月亮

▼ 正位

月亮
THE MOON
未

錯覺與夢幻超過真實的人
生，不管是別人造成的還是自己
無法走出的恐懼陰霾，你的情路
走得比別人辛苦，虛幻不明。在
戀情中你很容易進入曖昧不清或
互相欺騙的狀況，你無法相信自
己的選擇是否正確，迷糊的思維
無法得到肯定的答案，這時候勸
你不要輕易拿自己的人生賭進感情的世界，因為
不管你怎麼努力都得不到真愛，甚至連你自己認
為值得信賴的人，到最後就是騙你最重的人。

▼ 逆位

人有三衰六旺，雲開月漸笑。你對人生某些
隱藏的潛意識有了明朗的好轉預感，意識到命運

將以前的生活黑暗面慢慢往好的方向發展，只要你不要太過悲觀，放鬆自己的心情，心轉、念轉，運自然轉。在這種身心靈取得平衡的情況下，不用懷疑，也不必要在感情方面費太多的精力為尋找一份感情歸宿而煩惱。以正常的心態過自然的生活，不知不覺中你會發現新機會。

太陽

▼ 正位

現在的你有如太陽一樣的心情，光芒萬丈、心花怒放，靠近你就感到幸運，看到未來的前途，沒有憂愁與矇騙，日子過得光明磊落，好運都攤在陽光下，工作順心，事業有成，人際關係順暢，處處受歡迎，而且好運持續。現在的你不需要主動找戀愛

對象，在你身邊就有很多愛慕者出現，而且他們的條件都不錯，只要你想要的都唾手可得，要不要主導權在你手上。

▼ 逆位

花無百日紅，人面桃花亦殘時，人生得意時也有喜怒哀樂，太陽剛剛升起來的時候，就像人的臉笑得很燦爛，太陽準備下山時你最燦爛的光輝也隨著夕陽消失光環。笑起來是通紅的臉，說明你不願接受的高峰期已到峰頂。過去的成就讓你驕傲到看不起人，高高在上。現在的你帶著這種心態走進個人的感情世界，不肯接受別人幫忙，相信自己，所以自己的愛自己追求也能如魚得水。

審判

▼ 正位

審判是一張對人生有權力做出定論或決定的驗收牌，把問題丟給別人處理就好，你不必為之

插手多管，你的需求別人瞭解，你的條件別人早

審判
JUDGEMENT 水

知道，幫你的人是有實力的，你現在最好保持心平氣和，集中精神多做一些感情以外的事情，只要是輩份比你高的人或是家人會給你帶來好消息。你若不在乎條件，平輩也可以幫得上忙，而且很快開始交往，但要避開互相找碴。

▼ 逆位

想太多會讓人的信心搖擺，懷疑容易讓人變得優柔寡斷，記仇更讓人無法擺脫衰運纏身，人有太多錯綜複雜的情緒，會降低辨別能力，無法分清是與非，導致錯過選擇的機會，你是否也有這樣的心裡負擔，如此會讓你的情路走得辛苦。不如敞開胸懷走進人群，參與各式各樣的團體活動，你會看到不一樣的世界，找個對象談情說愛，機會多的是，

但現階段出現的對象條件很普通。

🌸 世界

▼ 正位

世界這麼大，有不同的民俗風情生活方式視野寬廣，打造人的生活目標遠大無比。選擇適合自己的生活範圍，你的成功會比別人來得快，生活越簡單越好，目前你對自己的生活條件感到很滿足，如果談一段開心的感情更是錦上添花。以你個人的條件所吸引過來的對象都不錯，但有一定的距離，在你現有的生活圈內沒有適合你的對象出現，你的戀愛對象大部分來自遠方、異國情，所以你必須多創造國外或遠途的機會，自然能找到好對象。

▼ 逆位

傳統保守的你，喜歡一成不變的生活，接受改變對你來說是一件困難的事，對自己的生活容易處於封鎖狀態，不太願意與人分享，是個少談

家事的人。過於負責任給自己無形的壓力，喜歡永恆穩定的生活，做事肯定說到做到，看問題不夠長遠，容易牽掛別人，對待感情的事情不太主動，但一旦認定就一生一世，所以要發展一段新戀情有些困難，除非你願意改變突破以往的交際圈，從不同之前的管道尋找機會。

第四章

揭開塔羅牌22張牌十大精神層面的神祕面紗

在塔羅牌的二十二張大牌中，我們可以瞭解到每張牌的人物精神層面，不管是正面還是負面，你都可以做到有根有據，而且每個問題就自然交代得很清楚。

（1）

愚人

▼ 正位

    1、動力十足、年輕人的精神面貌。

    2、過路財神、有多少花多少，無法累積財富的敗家子。

    3、身體健康、精力充沛、好動。

    4、人脈廣寬，貴人多小人也多。目標不明確。

    5、對待感情不負責，不容易定下來。

▼ 逆位

    1、輕浮讓人無法放心的行為。

    2、做事欠缺思考，沒實力。

    3、只顧自己好處，不管別人的死活。

    4、佔有慾強，不考慮後果。

    5、自私、忘恩負義的朋友。

正位

逆位

（2）
魔術師

▼ 正位

　　1、求新求變，變出一片新天地。

　　2、一心想成為別人的焦點的野心家。

　　3、愛作秀的活躍份子。

　　4、懂得培養新戀情而經營人脈。

　　5、多才多藝，越老越精彩。

　　6、百藝藏身，精通業務。

▼ 逆位

　　1、粗心大意，過失造成的損失。

　　2、偷工減料沒有行動力。

　　3、說大話無法完成任務。

　　4、聲譽受損無地自容，信心一落千丈。

　　5、馬虎不負責。

　　6、不正當的行業發出警告。

正位

逆位

（3）

女祭司

▼ 正位

1、是讀書的高材生，數、理、化全面質優。

2、善解人意、無微不至的善心人士。

3、男才女貌的精神伴侶，大部分是知識份子配對。

4、跟著感覺走。

5、是新時代的知性女性。

▼ 逆位

1、無法妥協的關係。

2、自以為是、強制於他人意識。

3、過度分析。

4、只看見事物的表面。

5、沒有真實學問的文憑。

正位

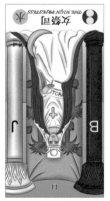

逆位

(4)
女皇

▼ 正位

1、有機會嫁給富家子弟，結婚生子順利懷孕。

2、花錢享受，住所華麗。

3、有實力的女性貴人。

4、職場得志，得心應手。

5、社會女性名流，光明磊落。有錢有勢、寬宏大量、有權貴。

▼ 逆位

1、同性攻擊，爭風吃醋，關係惡化。

2、小產、子宮外孕。

3、外遇、性生活混亂。

4、情緒變化無常。

正位

逆位

（5）

皇帝

▼ 正位

　　1、建設、責任，以大局為重。

　　2、百分百成功的權威人士。

　　3、大將之風，大人物特質。

　　4、統合力、經驗、扛起社會責任。

　　5、企圖心，完成任務。

▼ 逆位

　　1、以必要的強勢手段，擺平社會動亂形象。

　　2、男子漢的脆弱一面，心存恐懼。

　　3、耍特權、缺乏經驗。

　　4、沒能力扛起該扛的責任。

　　5、沒有突破精神，欠臨門一腳。

　　6、依賴心太重，不成熟。

正位

逆位

（6）
教皇

▼ 正位

    1、實力受到肯定，對社會有貢獻。

    2、看不慣耍特權的作風，容易產生抱怨。

    3、注重自己的內心感受。

    4、講究三從四德，重視心靈教育。

    5、是宗教組織靈魂。

▼ 逆位

    1、衝動。

    2、得不到長輩的關愛和幫助。

    3、容易受到有心人士誤導，心靈孤獨。

    4、不想追問事實真相。

    5、心胸狹窄不願分享。

    6、薄情的戀人。

正位

逆位

（7）
戀人

▼ 正位

    1、命運中的安排，注定得到幸福。

    2、愛神從天而降，不要錯過。

    3、浪漫風趣的事正在發生。

    4、喜得美人芳心，合作成功。

    5、情緒變化無常，讓人無法捉摸，疑心病重。

▼ 逆位

    1、不願選擇，錯失良機。

    2、事與願違，行程受阻。

    3、沒自信、懷疑自己不如他人。

    4、搞自閉、分手。

    5、逃避現實造成的陰影。

正位

逆位

（8）

戰車

▼ 正位

1、過關斬將，幹勁十足。

2、戰鬥力，勇氣十足。

3、接班人，新官上任。

4、開始學做男人的本事，希望得到別人的
肯定。

5、遇到誠實可靠、有需要力挺到底的朋
友。

6、對抗不正之風的正人君子。

▼ 逆位

1、無能力扛起該扛的責任。

2、缺乏抑制能力，失控。

3、信心不足、感到害怕。

4、虛榮懶散靠不住，不切實際衝過頭。

5、冷酷無情，叛逆耍流氓。

正位

逆位

（9）

力量

▼ 正位

    1、排除萬難、拒絕誘惑。

    2、勇氣十足與堅強的戰鬥力。

    3、第二代領導人的接班人人選。

    4、關鍵時刻懂得把關。

    5、結識終身死黨、自我驕傲。

▼ 逆位

    1、面對困難無能為力。

    2、無法抵擋誘惑。

    3、信心不足、虛榮懶散。

    4、異想天開、不可靠。

    5、忘恩負義。

正位

逆位

（10）

隱士

▼ 正位

　　1、 事非經過不知難，磨練中獲得寶貴的經
　　　　驗。

　　2、 遇到貴人暗中幫忙，指點脫困。

　　3、 做好重出江湖的準備，新的人生規劃。

　　4、 撇清事實，問題得到解決，心裡感到踏
　　　　實。

　　5、 在你的生命中得到年長的男性貴人相助。

▼ 逆位

　　1、 脾氣怪異、自作自受的人。

　　2、 自私、不顧別人感受。

　　3、 保守、想法封閉難以溝通、不修邊幅、
　　　　老人。

　　4、 心思凌亂，凡事不順。

　　5、 愛發牢騷、吹毛求疵，骨頭裡挑刺。

正位

逆位

(11)
命運之輪

▼ 正位

　　1、意料外的行動，遠行。

　　2、新的架構成形，成功在望。

　　3、新的改變帶來好運，時機成熟。

　　4、結婚告別單身，一連串的好事接連而來。

　　5、預感未來肯定有變化，升職加薪。

▼ 逆位

　　1、不好的狀況維持一段時間，要撐得住。

　　2、事情總是無法按計畫實施。

　　3、不適合嘗試新行業，心情低落。

　　4、遠行受阻，出門不順。

　　5、騙婚、曇花一現。

正位

逆位

（12）

正義

▼ 正位

　　1、所有事情都公平解決，大快人心。

　　2、平常心就好。

　　3、依法不依人，有理能走遍天下、獲勝的
　　　　一方。

　　4、糾紛和解，平息爭執。

　　5、感情相敬如賓。

▼ 逆位

　　1、敵意、誣告。

　　2、故意把事情搞複雜、鬧大。

　　3、無法妥協，對抗到底。

　　4、偏激不公平、人際關係緊張。

　　5、受迫害，導致精神抑鬱。

正位

逆位

（13）

倒吊人

▼ 正位

    1、信用與職責經得起考驗。

    2、無法取捨，進退兩難、耗著過。

    3、必須接受的過渡期。

    4、為達到某目標須付出辛苦的代價。

    5、心甘情願的付出與守候。

▼ 逆位

    1、無理取鬧，不願貢獻。

    2、被人捉弄、由人擺佈，敢怒不敢言。

    3、違背良心，不願負責任。

    4、自私、絕情、逃避現實。

    5、把感情建立在金錢物質之上。

正位

逆位

（14）

死神

▼ 正位

　　1、結束、徹底放手。

　　2、想通了開始改變。

　　3、新的目標在前方招手。

　　4、收回舊帳，意外財源。

　　5、嚐到新戀情的好處。

▼ 逆位

　　1、無法擺脫，毀滅。

　　2、絕望、求助無援。

　　3、死亡的關係、慢性自殺。

　　4、愛恨交加，心不甘、情不願。

　　5、失戀、分手、悲觀失望。

正位

逆位

（15）

節制

▼ 正位

　　1、外交手腕，語言天份。

　　2、協調、和解，和事佬心態。

　　3、心靈伴侶。

　　4、新手上路。

　　5、言行一致，自立自強。

▼ 逆位

　　1、情緒失控無法平靜。

　　2、沒耐性、無法克服困難。

　　3、情緒失控、內心的不平一觸即發。

　　4、動員起來。

　　5、人事衝突、場面失控。

正位

逆位

（16）
惡魔

▼ 正位

1、離不開肉體和物質的誘惑，沉淪於紙醉金迷。

2、不擇手段爭名奪利。

3、恐怖的敵人，養隻老鼠咬布袋。

4、摸黑、囂張、惡意扭曲真相。

5、人品絕對有問題的人。

▼ 逆位

1、解脫、逃脫精神和肉體上的控制。

2、恐懼的心理壓抑，得到健康的調整。

3、開始覺悟，以驚人的意志力對抗惡習。

4、厭倦花花世界。

5、繼續沉淪於更深層的行屍走肉世界。

正位

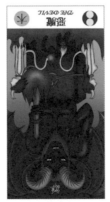

逆位

（17）

高塔

▼ 正位

    1、脫序的行為給自己帶來大劫難。

    2、無法預料的意外發生。

    3、感情生活長期處於雞飛狗跳，忍無可忍離開。

    4、人際關係惡化、衝突。

    5、最知心的朋友就是最恐怖的敵人，好友背叛。

▼ 逆位

    1、懷恨在心、極度的忍氣吞聲。

    2、在惡劣的環境中忍受折磨，孤立無援。

    3、不願意接受改變，災區的難民、原住民。

    4、憂鬱、受挫、搖搖欲墜的處境。

    5、這次肯定犯了人生中最大的錯誤。

正位

逆位

（18）

星星

▼ 正位

1、信心百倍、相信未來。

2、經得起考驗的朋友。

3、新機會、好運降臨。

4、真誠的情誼天長地久。

5、樂意配合、心情愉快。

▼ 逆位

1、信心不足、情緒低落。

2、前途渺茫。

3、受挫、悲觀失望，放棄。

4、單相思病。

5、無法振作、情緒低落。

正位

逆位

（19）
月亮

▼ 正位

    1、造假、蒙蔽，不願面對。

    2、囂張、霸道的小人。

    3、情緒失控，喜怒哀樂寫在臉上。

    4、老奸巨猾的小人，暗中搞破壞。

    5、恐懼、沒有安全感、優柔寡斷。

▼ 逆位

    1、消極、弱勢。

    2、理想無法實現。

    3、過去的不幸、家境陰影產生的心理憂
       鬱。

    4、過於夢幻、真假辨別能力差。

    5、身體不好、老毛病。

正位

逆位

（20）

太陽

▼ 正位

    1、正午的太陽、前途無量。

    2、挑戰、改革、新觀念，健康活力。

    3、科學、學者，新時代的科技、數理化達人。

    4、高薪領域、經商得利、掌聲四起，名利雙收、偶像。

    5、熱愛生活、最成功的社會主流。

▼ 逆位

    1、對成功感到不滿意。

    2、高估自我造成的物質損失。

    3、政策無法落實、拖延。

    4、眼光短淺、人鬼不分、真相不明。

    5、受人擺佈、被假象欺瞞。

正位

逆位

審判

▼ 正位

　　1、擺平天下事、大公無私。

　　1、心靈調和更高境界。

　　2、長期以來的問題，現在宣告結局。

　　3、把事情弄個水落石出、真相大白。

　　4、一切重新開始、接受大改革。

　　5、身體好轉、精神煥發。

▼ 逆位

　　1、被迫接受降職、下台。

　　2、知錯就改、還有機會、改造、扣押。

　　3、蠢才、老教不會、沒知識。

　　4、少見多怪、膚淺。

　　5、身體不好、為了你的老年接受現實。

正位

逆位

（22）

世界

▼ 正位

  1、天生好命，從小到老少吃苦。

  2、人生樣樣都圓滿。

  3、佔有利條件，胸有成竹。

  4、完成大事後，斷續努力，再接再厲。

  5、最高境界的成功圓滿結局，

▼ 逆位

  1、中途受挫，差臨門一腳。

  2、得之不易，終於嚐到辛苦得到的成果。

  3、事實證明你的預知是正確的。

  4、辛苦努力收回敗地，敗部復活。

  5、挽回面子，扳回一成，找回自信。

正位

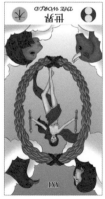

逆位

第五章

人才篇

想知道自己的命運如何，就得瞭解自己在別人心目中是什麼樣的人才。

別人眼中你是什麼位置的人才

 愚人

▼ 正位

　　散發出青春活潑，有想法跟潮流，打前鋒，敢說敢做，喜歡的事情很快就投入，沒耐性，技術不夠，新手上路，不願配合，眼高手低，自以為大材小用，偶爾創出新局面，可以學習但不能重用之才。

▼ 逆位

　　沒有膽量，怕人笑話，做事丟三落四，無法把上司交代的工作完成，對技術性的工作感到棘手，調皮搗蛋、工作態度懶散，

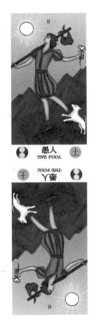

不負責任、不守承諾、好賭吹牛、不按牌理出牌、成事不足敗事有餘的庸才。

魔法師

▼ 正位

聰明、活潑可愛，學什麼像什麼，多才能，能文能武多才多藝，可身兼多職，精通業務，四面玲瓏，不管是業務還是外交都能業績長紅，是經商、銷售高手，做事總會以樂觀進取的姿態出現，不怕你不用他，只怕留不住他的天才。

▼ 逆位

說三道四、沒有實際本事，缺乏規劃，沒有創意，從他嘴中聽到的都是些不可靠的、沒有保證的，在工作業務上給人第一形象差，不配合，學習能力差和技術接受能力差，但又認為自己了

不起的人，態度輕浮，能騙就騙，不可信用之才。

◎ 女祭司

▼ 正位

嚴肅、做事態度認真，思想傳統，做事有自己的一套方法，保持自己的思想風格，具備雙重性格，有神祕感與第六感，女性的影響力很重要，有責任心，做事講究原則，有紀律，業務業績一般，但是是讀書、寫作、教學方面的好人才。

▼ 逆位

態度冷淡愛理不理、反應慢半拍，心中有怨恨、情緒不滿，不活躍、不合群，搞自閉、迷信認命、沒有真才實學、表面功夫，工作中很難達到共識的人，在女性群體中無法和睦相處，遲遲交不出成績單的表面人才。

◎ 女皇

▼ 正位

處處受歡迎，態度溫和喜歡關照別人、樂觀活潑、給人形象很貴氣，善於交際應酬的人，有她出現的工作環境就有好成績，能帶旺周遭的人，提早完成任務。很可能是女性主管或頂頭上司人士，是幸運之才。

女皇
THE EMPRESS

▼ 逆位

不管你是女主管還是老闆，都是不走運的時候，但不是別人造成，也不是環境造成，一切都是自己不爭氣造成的。你愛惹事生非，挑撥離間，搞分裂，工作不認真，偷懶、多情，易有辦公室戀情影響工作，小氣不肯吃苦，業績下滑偷懶之人。

◎ 皇帝

▼ 正位

認真負責、今天的事情就今天完成，我辦事你放心，別人做不到的事我一樣能完成，嚴肅、公事公辦，給人穩健可靠能擔當大任的人。你很可能是男性的主管老闆、權威人士，最起碼具備這些特質的人，你是注定成功，扛大任之才。

▼ 逆位

你是個男子漢，現在不管你是主管還是老闆，都沒個樣，或是普通職員，你雖然很愛面子，但真的缺乏男子漢的魂力，做事狐假虎威，缺乏統御能力。容易被人挑三揀四，無法放手獨立，你是過分依賴、被管著的人才。

🌀 教皇

▼ 正位

力求實力按章辦事、一步一腳印，值得信賴，注重道德，重情重義，重視交情，為人處事比實際年齡老成，有能力、為你的專業感到體面。你很可能是男性主管、老闆或社會宗教導師、權威人士。你是主管級以上的重用班底，棟樑之才。

▼ 逆位

思想觀念老舊，過時的技術，守舊不願改變，難以溝通，倚老賣老，你很可能是傳統行業的老闆或特種專長的老闆或帶有宗教色彩的老闆，但都不是個老實人，神棍、花和尚，誤人弟子、騙色騙財。不是老阿伯很壞，而是以前的流氓變老了，是三教九流之才。

戀人

▼ 正位

善解人意，四面玲瓏，開朗活潑，愛打扮亮麗時尚，懂得與人相處，性情溫和得體，相貌不錯。工作主動積極，配合度高，合作愉快，熱情大方、好客，業務業績不錯，人逢喜事精神爽，你的運氣正旺，充滿女性青春之才。

▼ 逆位

個性不好，人際關係有問題，嫉妒、小心眼、愛吃醋，工作不認真，搶功勞，愛耍小伎倆，外遇貪戀多情，疑心病，經不起誘惑，態度不好，看不順眼，爛桃花。學習退步，業務業績下滑，被排擠、被人討厭之才。

🌀 戰車

▼ 正位

服從指揮幹勁十足，愛表現，說到做到，動作奔放，說話大聲，喜歡吵吵鬧鬧場所，愛運動，大部分是健身房健將，喜歡開快車、聽話、行動派，很可能是新官上任，有機會到新部門接受新任務，有升官的機會，但加薪不多。業務成績不錯，繼續加油。被培養接棒之才。

▼ 逆位

不聽指揮，不服從，工作粗心大意，工作成績不好，容易出錯，小心不端正工作態度會被換掉，不努力、得過且過，想做大事卻沒有實力，人際不順、競爭對手強勢，吵架、打架情緒失控，橫衝直撞，叛逆闖禍，不可重用之才。

正義

▼ 正位

正義
JUSTICE
金

小心謹慎，明查暗訪，實事求是，有根有據，公平合理，老實人做老實事。經過磨練出來的經驗，思想觀念都跟得上時代，願意付出辛苦值得，堅持，凡事最好有個約定自己比較有保證，開始的回報很普通，但最後你可以名利雙收，是公證執法之才。

▼ 逆位

做事不公平、不講理，損人利己，心地不好，扯後腿，製造事端，容易有官司、誣告、假證據、損友，從事複雜的工作內容，答應別人的事情不按時完成，精神不振，工作效率差，反應遲鈍，只做特定工作，奸詐、強詞奪理，沒信用之才。

隱士

▼ 正位

深謀遠慮，經驗豐富，心平氣和，遇事能夠冷靜，淡泊名利，不合群，愛研究，謹慎小心，做事有自己的一套，老主管或退休人員，工作業績不好，不適合大眾工作，獨自工作室比較好，考慮太多，自私不分享，有自己的思想，不輕易讓別人說服勸動，自用之才。

▼ 逆位

老頑固，不變通，很難溝通，不善於表達自己的心聲，職場上難有適合的位置，排斥、懷疑熱心人士的用心與好意，行為不謹慎，生活環境不整潔，無法適應環境，不看場合表現，失態表錯情，沒效益，業務業績差。職場表現處於留察期，有所準

備，自用之才。

❂ 命運之輪

▼ 正位

懂得察顏觀色知進退，默默守候與支持，可以長久合作，把握時機，和公司團體一起成長，走長路，運氣旺盛、裡外機緣多，工作效益高，業務業績事半功倍。態度溫和，順其自然，有貴人相挺，好溝通，幸運之才。

▼ 逆位

好運快走完，現在是走下坡路的時候，近期不管做什麼事情都感覺到力不從心，事倍功半，付出得不到相應的效果，心煩、思維混亂，工作出錯頻繁，小人出現，無法把握工作狀況，你的表現別人看不到，不管用之才。

◎ 力量

▼ 正位

有決心，以柔克剛，企圖心旺盛、堅持不斷的努力，默默耕耘、意志力堅定有耐心，付出愛的力量消除阻力，技術好趁勝追擊。過程雖辛苦，但最終獲得大家的認同，得到獎勵，經得起考驗，能發光熱之才。

力量
STRENGTH 木

▼ 逆位

你屬於團體裡的弱勢者，工作、利益、人脈都處於吃虧的一方，自己有理也沒辦法討回公道，沒有意志力，不敢挑戰，逃避責任，沒有擔當，該你做的事往往怕扛責任。在你的身上看不到未來，對你的用處意義不大，不想用之才。

◎ 倒吊人

▼ 正位

你有本事，很有耐心，默不作聲，埋頭苦幹，做了不少不求回報的事情，你的貢獻得不到別人的肯定反招怨恨，你最努力，老闆、主管拿你當備位的二手貨，別人都不願做的事讓你來做，你的實際工作是二線、助理、備胎，你做事別人領功，地下夫人、二奶命、小媳婦，你只能做後備人才。

▼ 逆位

你一直以來都做貢獻最大卻不值錢的工作，有利益的工作別人優先，苦力少報酬的才輪到你做，你很難得到適合自己公平的位置，付出得不到應有的酬勞，致於被打壓、受冷眼你幾乎已習慣，工作上別人認為有沒有你的存在都一樣，若有任何人事上的

變動，你是第一個被犧牲的人，好欺負之才。

❀ 死神

▼ 正位

目前別人無法給你任何的定位，根本無法掌控你的動機，你到底留下還是離去還不知道，人家感覺你在這裡待不久，你給人家印象無法信任，你雖然有新想法，但冒險。環境和工作的實際內容與你條件不符，但很多時候你採取配合的態度，你是不信任之才。

▼ 逆位

目前這份對你毫無意義的工作事業，沒有任何的突破與發展空間，但也沒有往外發展的機會，你是在不樂觀的環境中被困住，進沒路，退沒路，自己也沒有很好的謀生出路，所以為了生

活或個人的某些需要，只能耗著時間撐下去，沒
人想用之才。

◎ 節制

▼ 正位

節制
TEMPERANCE 金

　　凡事好商量，做事通融得
體，給人印象辦事能力強，業務
水準高，工作技術操作流程熟
練，是業務業績長紅的績優股、
尤其是從事銷售必是一把好手。
是主管、老闆身邊的好助理，對
外貿易、外交、對外發展業務有
很好的績效。外派調動機會多，
是經商貿易協調的好人才。

▼ 逆位

　　悲觀，信心不足，懶散、懦
弱，沒能力完成本職內的工作，
不獨立過於依賴別人，給人印象
體力不足，身體不好，不獨立，
經濟能力差，語言溝通不良，對

外應酬、商談常闖禍惹麻煩，與人相處彼此對工作價值或工作量有歧見。溝通能力差、出外談判常惹禍、做事不懂抓重點，沒有挑戰精神，遇到困難就想放棄的懦弱之才。

◉ 惡魔

▼ 正位

為了你個人眼前的利益，殺人放火、敲詐勒索、收爛帳、違法亂紀、甘心犯罪、無惡不做。地下錢莊，高利貸，八大行業，聲色場所，人品不正，作風有問題，職場上囂張霸道，做得少要得多，喜歡擺佈別人，意見多，無法集中精神投入工作，不是你貪夢自私，就是主管、老闆吝嗇剝削，是個讓人不敢用之人。

▼ 逆位

不想當官的士兵不是好士兵。名利、地位、

金錢、美女都打不動你的心，好像什麼對你都沒多大的吸引力，人生維持普普通通就好，不想捲入複雜的名利人事中，看淡人生百態，生活平淡，明哲保身，不想扛責任給自己太多的壓力，怕惹麻煩之人。

高塔

▼ 正位

你是個多災多難的悲劇角色，從你的人生、家庭、工作事業、健康以及人際關係、經濟收入、能力都是問題，在你的身上沒發現可用之處，貢獻少、麻煩事多，工作上常讓別人替你收拾爛攤子，如此這樣就盡量少用之人。

▼ 逆位

你是個麻煩人物，成事不足，敗事有餘，不

但沒能力把自己份內的工作做好，還連累到周遭的人，工作常出錯，人際關係無法妥協，情緒不穩定，又不願意接受別人提供的做法，你的問題已到了無法容忍的地步，你很可能等待被炒魷魚的無用之才。

星星

▼ 正位

　　思想簡單，態度溫和，有禮貌好溝通，平易近人，有理想，是個值得開發的人才，在工作上、利益上要求不高，不會計較個人得失，很快適應環境融入群體生活，可以長久一起經營的搭檔。不論條件、恭謹態度肯負責，對公司團體的發展很有信心的好用之才。

自卑、缺乏知識,神智不清,糊裡糊塗,自己扯自己的後腿,精神不足做起事來有氣無力,心態不積極,沒有企圖心,眼光短淺,帳目混亂,工作容易出錯,缺乏改進態度,得過且過,給人形象不耐煩,沒出息之才。

◉ 月亮

▼ 正位

倚老賣老,高深莫測,捉摸不透,態度不明朗,搞不懂你到底想要什麼,無法把自己的需求表達清楚,難溝通、神祕、詭異、想太多,自尋煩惱,無法與人好好相處,容易被最信任的朋友背叛,有莫名其妙的恐懼感,夢幻過多的悲情角色,不清不楚糊塗才。

▼ 逆位

頭腦清醒，很會計算別人，城府深，但做壞事很容易被發現，家庭問題多，是非不清，容易輕信別人。情緒開始穩定，不想與人攀比，渴望有穩定的生活保證。喜歡一人獨處的時候吟詩作對，有藝術天分或從事藝術相關工作，中庸之才。

☀ 太陽

▼ 正位

樂天派，開朗活潑，能文能武的風流才子，熱情，散發出無限的能量，助人為樂，不計較小細節，動力十足，信心百倍。自己是別人的貴人，從你身上看到前途一片光明，是帶旺別人的福星，勝利者的驕傲，是個難得的好人才。

▼ 逆位

　　自以為是，固執大男人，衝動沒耐心，自戀自大、太過於高估自我，受挫，損失慘重，沒貴人、定性差，不知足不肯做，對現有的資源感到不滿足。人生中很少得到別人的幫助，自力更生、機會比別人少，自己的表現得不到別人的肯定，普通人才。

審判

▼ 正位

　　相信因果，本份做人，認真查證做到有憑有據，讓人心服口服。能把事情自始至終做到完美無缺，自我要求高、壓力大，認真負責，相信世界上沒有白吃的午餐，凡事靠自己的實力，問心無愧，不對人、不對事、就事論事，不投機取巧，不做虧心事不怕鬼敲門，實力派人才。

▼ 逆位

野蠻、弄虛作假，疑點重重，搶功勞，作弊貪污、做假帳，陰險殘忍，放不下過去曾經的恩怨情結，惡搞、不擇手段報復，見不得別人好。夜路走多了遲早會遇見鬼，信不信由你，人在做天在看雷公在天上，善惡自有報，遲早會驗證，自作自受的蠢才。

◉ 世界

▼ 正位

上得了廳堂、下得了廚房的賢內助，得力助手，能招四方財源，有度量能成大事、大格局，用自己的名氣疏通人脈的好幫手，以大局為重，有愛心成人之美，信得過的最好合作班底，始終如一，起步辛苦，未來獲得大

成功，是難得的招財寶、賢能之才。

▼ 逆位

　　渴望成功，違反宇宙與大自然的規律，疏忽、錯誤的投資方向帶來的損失，做事拖拖拉拉，不按時提交任務，工作效益不如預期，沒有目標，難成大事，衰運，每到關鍵時刻總差臨門一腳，放棄、自暴自棄，想離職或提前退休的偷懶之才。

第六章

金錢篇

　　你我都一樣，錢！是生活的來源，是人類存活的成本，你需要的別人一樣需要。每人都很想知道自己成功與否，是因為有了錢的誘惑。你很想追求財富上的成功嗎？就一起走進塔羅的金錢世界看看更瞭解自己值多少錢？

第一節

我有發橫財的運嗎？

賭運、中獎、繼承家產、祖產

◎ 愚人

▼ 正位

愚人
THE FOOL
士

時好時壞，抱著娛樂的心態小有進財，但守不住，過路財神財來財去，易受朋友拖累，或因賭性堅強，不懂見好就收，最後血本無歸造成貪小失大。最好把現有的資金做好長期的打算，否則你會變得貧窮或負債累累。

▼ 逆位

你不但沒發橫財連正財也沒保證，你有一夜

致富的念頭，賭性堅強，但財神與你無緣，逢賭必輸，最好不要嘗試狠賺一筆的僥倖心態，缺乏金錢危機意識，落得賠了夫人又折兵的下場。若能安分守紀，能維持正常的工作收入就已經不錯了。

◉ 魔法師

▼ 正位

你有發橫財的運，但要求自己的分析能力應變，心有靈犀一點通的心靈預感，但最好在動手前做些改變方式會更好，如中途改變地址或操作方式，都能讓你嚐到小賺一筆的開心事。發揮你的聰明智慧，自然會給你帶來財運，來自發明或其他智慧獎金更順利。

▼ 逆位

最好打消發橫財的念頭，不大可能，任你有油頭滑面的樣子，能言善道，用些歪點子給你有機會獲得錢財，也守不住，錢怎麼來就怎麼去，最後你很可能連本帶利讓別人騙走或被朋友拖累而虧空。透過不正當的行業或管道拿到的錢都不屬於自己該有的錢。

◎ 女祭司

▼ 正位

有些小驚喜，但並不是什麼大筆進帳的消息，在你那神祕的不知不覺中，讓人神不知鬼不覺的狀況下有機會，但對你的經濟助力不大。你真正的收入最好好好經營你的事業，努力工作保證你的正財收入比較好。

▼ 逆位

　　有可能賺暗財的機會出現，但最好不要為了錢做出傷天害理的事，害人害己，這種錢賺到了也不會讓你走好運。你的第六感不錯，請跟著你的感覺走，偏財運就會悄悄來臨，看你有沒有智慧如何把握。

🌸 女皇

▼ 正位

　　財運亨通，福星高照，不管是正財還是偏財運都非常旺盛，尤其是女人的財運天生就比男人來得更順，特別是來自女性或母性家族的家產、財產、贈與、繼承或獎金，有可能獲得意外中獎等任何機會都有可能。

▼ 逆位

有機會，但不會讓你大富大貴，也感到心情格外的開心，如果想要擁有財富的同時須注意以免引起不必要的麻煩，最好放低身段，溫和有禮貌，不要擺一副高高在上的姿態。還是有不錯的偏財運出現，但容易讓人嫉妒眼紅。

◎ 皇帝

▼ 正位

你的偏財運很普通，正財運很好，所以不要存有暴富或一夜致富的念頭。中獎、意外獲取，不勞而獲對你沒那麼重要，因為你的正財運比很多人來得更好，只要經營好你的正財事業，就衣錦榮歸了。

▼ 逆位

你沒有偏財運，但正財收入還不錯，只要你願意用心努力經營好正財的事業，就能讓你賺到自己想賺的錢，但必須付出辛苦的勞動，否則將失去財務上的支配主導權，面臨資金周轉不靈、受人擺佈。

🌸 教皇

▼ 正位

有機會發橫財，而且還算是一筆可觀的橫財，但不是你自己創造的機會，而是聽從長輩金主得來的，你的一生中至少有一次很不錯的繼承權，至於其他的中獎機會是沒有的，因為教皇是一張金錢保守牌，最好以實力賺錢比較心安。固守自己的老本行，就是你應有的金錢收入。

▼ 逆位

命中有終須有，命中沒有莫強求，你不但沒有偏財運，最好多參與社會公益活動，多做善事為自己多種善果，如果你真的有發橫財的貪念，就算你有辦法把錢弄到手，也不會有好結果，吃不完兜著走，給自己的生活惹來很大的麻煩，讓你飽受困擾。

戀人

▼ 正位

你的橫財運還算不錯，但大部分都是來自與異性有關的機會比較多，尤其是從你的另一半，或是情人、男女朋友方面都有可能給你帶來金錢上的幫助，你是發貴人財、桃花財的機會，好好經營你的異性人脈就對了！人脈就是你的錢脈。

▼ 逆位

你不但沒有橫財運，連好的精神面貌都沒有，人際關係也很糟糕，你容易遭人搞破壞、被人擋財路，嫉妒、爭風吃醋，導致明爭暗鬥造成財運受阻，尤其是來自女性的同事出賣你，除非你有辦法把人際關係經營好，但避開女性，男性的助力比較好。

戰車

▼ 正位

你想發橫財的機會並不多，偶爾有發小財的機會，但要把握住機會主動出擊爭取。大部分都要靠自己努力打拼才能賺到，但只要你願意付出，而且最好離家有一定距離的工作，收入不錯，就看你要不要把握這個機會，所以你賺的都是辛苦錢而不是發橫

財。

▼ 逆位

你沒有橫財運，就連努力付出後應得到報酬都無法按時給付，談不上發橫財，還是腳踏實地打拼比較實在。你越想追求財富上的成功，就越是讓財運往別人處跑，讓你力不從心，財在東方君走西，財神與你無緣，死心吧！

◎ 正義

▼ 正位

有機會，但拿人錢財替人辦事，辦不到就拿人錢財替人消災，你很可能是貪官污吏、賄賂、扯上官司吃牢飯，這是發國家、政府機會的違法橫財。除此之外沒別的橫財，但正財收入還不錯，能夠維持收支平衡，一分努力就一分收穫。

▼ 逆位

你不但沒有發到橫財，連正財都守不住，容易受到家人、親友的拖累財錢受損，萬萬不可以替人擔保、跟會，小心上當受騙，虧空受損。你很容易替人奔波，出錢出力，這也是破財，所以你最好看緊自己的錢包，以免收支失衡，造成不必要的生活拮据，被金錢問題的困擾。

◉ 隱士

▼ 正位

不要多想，發橫財的機會與你無緣。其實你是個淡泊名利的人，從來沒想過自己要發什麼橫財，生活過得去就好，你一直以來的生活就過得很平淡，已習慣了粗茶淡飯的日子，所以最好力求維持現狀，你的收入很普通，應該做好適當的開支調整，預防

出現經濟困難，保持原有的平常心生活也不錯。

▼ 逆位

你沒有橫財運，不要為了金
錢的事自尋煩惱，造成自己的心
情不好，你目前的收入只有減沒
有增，不可能有任何發財的事發
生，你最好盡量維持現有的正常
收入並精打細算，以免陷入經濟
困難讓你更加煩惱。

◎ 命運之輪

▼ 正位

你想要發橫財是件輕鬆簡單
的事，你的財運正在走旺、財星
高照而且有如天助人助，讓你有
突發性的財運來臨，要好好把握
不要讓財神從身邊溜走，而且財
運就在你意料不到的時刻出現，
讓你感到驚喜又措手不及，除了
有橫財運之外，你的正財運也隨之增加。

▼ 逆位

　　請你不要做發財的白日夢，你現在走的是人生的下坡路，事業也如此，你只能追著錢跑，看得到吃不到。如果你很刻意的為錢事煩惱，你的心情將掉進谷底，隨之影響到你的正財運也走下坡。人往高處爬，水往低處流，現在連平時支持你的人也隨著命運之輪反方向離你而去，要有心理準備，小心財務出狀況。

🌀 力量

▼ 正位

　　大力士的力量就是要打拼才可能獲得收成，如果單靠個人的空間讓你能發橫財不容易。如果有貴人暗中相助，給你提供信息或機會，你將獲得金錢的厚愛，但你必須努力爭取，好好把握每

次出現的機會，才有可能獲得難得的機會，否則只能靠自己的努力打拼。

▼ 逆位

有發橫財的機會，但來得快去得也快，力量變弱，吸金的能量也隨之變弱。雖然你有些難得的發財機會出現，讓你感到驚喜，也讓你感到措手不及，抓得住是你的，抓不住是別人的，容易從你身邊溜走，你要眼明手快才能抓住這些機會。

◎ 倒吊人

▼ 正位

別說發橫財，正財都沒保證，付出得多拿得少，連自己辛苦後該得的酬勞都拿不到應有的份，哪來發橫財的機會，收入少扛家計拖累大，很明顯感到要承受的經濟壓力，很難取得收支平

衡，只能控制開支、開源節流。

▼ 逆位

　　窮怕的人希望得到改變，貪戀的人容易變窮。

　　你雖然有機會遇到小有進帳的機會，但沒有抓住或判斷錯誤造成過失，甚至是為了某些發財夢付出慘重的代價，落得賠了夫人又折兵的狼狽場面，最後眼巴巴地看著可遇不可求的機會從身邊溜走。

🌼 死神

▼ 正位

　　你不但沒有橫財運，還要小心預防意外事故血光之災，你連維持正常生活的開支都感到沒有保證，怎麼可能有發橫財的機會，不讓窮神纏身已是幸運了。

現在最好多為自己的未來做些規劃，尋找出路，以防意外的經濟問題發生。

▼ 逆位

　　有沒有橫財運要看你自己的造化，自己的福田要親手種，自己的福份自己修，有發小財的機會但必須靠自己創造機會等待未來，眼前不太可能，沒必要為這種事情傷腦筋，有想法就得付諸行動，將來才有機會。

節制

▼ 正位

　　小有進帳，但不會帶來驚喜，若有能力開拓海外機會還有一線希望，或盡量參與活絡人脈的相關管道，多連結一切有可能的機會，但必須努力開發，否則只有空想沒有理想，事情就此不

節制
TEMPERANCE　金

了了之。你只能做好有限的金錢分配、安排好精打細算的生活罷了。

▼ 逆位

談到發橫財，完全沒機會，沒必要自尋煩惱不切實際，這種錢對誰都一樣可遇不可求，還是腳踏實地過日子比較實在。在經濟方面要跟據自己的實際狀況，不要隨便鋪張浪費跟風，維持基本生活的收支平衡就不錯了，其他不必多想。

惡魔

▼ 正位

誘惑太多，到處都是陷阱，要探清環境的實際狀況，多動腦筋周旋以免掉進有心人的陷阱，得不償失。但八大行業、聲色場所、經營旁門走道有利，你必須要強勢、耍點小伎倆將危機化為

轉機，還是有機會的，不過錢怎麼來就怎麼去，很可能因貪小失大，要懂得見好就收。

▼ 逆位

自己不被別人敲詐勒索或損友拖累上當受騙就不錯了，哪來發財運。就算你有能力、有機會周旋利用別人來達到自己的願望也得來不易，但還是讓你有機會圓夢，不過不要高興得太早，要小心預防被忘恩負義的朋友出賣你。

高塔

▼ 正位

浪費心思白忙一場，財神總是跟你開玩笑，讓你有機會看得到卻沒給你機會抓得到，偶爾出現看似發財的機會，但機會趕不上變化，就像流星一樣劃破天空，消失得無影無蹤，讓你來不

及反應隨之消失。不管是什麼樣的因素造成的，每每關鍵時刻就出問題。

▼ 逆位

是因為錢事讓你感到傷腦筋，脾氣讓你變得暴躁不安，但不必要做這種發財夢，因為太虛假了，根本就是不可能的事，你想想看，一直以來曾經聽到的還是看到的機會都是些假象，發財的事沒那麼容易，虧本的事接二連三，讓你沒機會發財就先破財。

⚛ 星星

▼ 正位

有發橫財的運，但很微小，如果你想發大財不可能，試試手氣還可以，你沒必要刻意去想著發大財的事，最好把你的精神集中起來放在比發財夢更有意義的

事情上，這樣你很可能獲得工作、財運兩得意，因為在你工作得心應手的同時，也讓你獲得意外驚喜，不管是金錢還是禮品都能讓你非常開心。

▼ 逆位

你有小小的偏財機會應該感到開心，但這種小錢對你來講根本起不到什麼作用，只是在某些生活小節上的彌補而已，不可能讓你發大財，你應該珍惜目前的好運，不要受到金錢的誘惑或小道消息的影響，跟著別人起鬨，不但不可能讓你賺到錢，很容易在你分析不清、糊裡糊塗的時候造成不必要的金錢損失。

◎ 月亮

▼ 正位

你會有橫財運，但你的橫財運來得有些神祕、詭異，當你想著得到金錢的時候，財神會與你逆著方向而去，你會感到悲觀，想到的和表面上看到的都不會讓你實現，有點好事多磨感。相反，最好運用你的第六感，跟著感覺走，不要刻意做理性的分析，就有橫財的機會出現。

月亮 THE MOON

▼ 逆位

你有橫財運，而且發得是糊塗財，讓你傻人有傻福。別人在求財的時候會千方百計，費盡心思，你卻在不知不覺中發了財，連你自己都感到糊裡糊塗的好運，但如果你很精明、認真反而得不到偏財出現的機會，所以你最好保持原來的你，過著糊塗的日子，財運自然降臨，讓你情不自禁會心一笑。

☀ 太陽

▼ 正位

太陽　金
THE SUN

　　有機會，但你要主動出擊多方聯絡，不斷開拓或經營，尤其是體育、演藝方面相關的事業必然大發橫財。但是，若你從事的事業與以上毫無相關的話，你的橫財運很弱，機會不多。你必須認清這些事實，不要抱著不勞而獲的念頭，但你的正財運非常旺盛，只要你努力用心經營現有的事業會讓你怎麼做就怎麼賺，你一樣能夠擁有不錯的正財運。

▼ 逆位

　　你不但沒有橫財運，正財運也不如預期，而且開支很大、花錢如流水，所以你必須面向現實，腳踏實地把自己該做的工作做好，才能夠為自己賺到想賺

的錢。有付出就有收穫，不要把精力浪費在追求大發橫財的意念中損耗自己的精力，如果不聽人言，總有一天你會一事不成，遠遠落後在別人之下。

🎴 審判

▼ 正位

有機會獲得利益但要入對行，如果你從事的是高職的政府部門工作或律師比較有利，但要光明磊落，以免得不償失。其他工作不列入以上範圍，必須根據自己的實際情況，誠實對待自己的條件和處境，沒有任何理由讓你有發橫財的機會，還是以自己的實力賺錢比較實在。

▼ 逆位

異想天開，財神不認識你，不要多想。能遠離窮神已經不錯了，不要做發財夢，要端正自己的態度，想辦法維持現有的正常工作，保證最基本的生活來源，不要癡心夢想有橫財，用心維持正財的收入保證日常生活的基本開支，其他多想也不會讓你實現。

🌐 世界

▼ 正位

你有橫財運但絕非中獎，大部分是來自海外、他鄉或遠門的事業多方發展，以大局格、大機構的投資方向，你將獲得想要的橫財機會，由於你的財運旺盛，不管是偏財還是正財都不錯，好好把握趁勝追擊，力爭更多更好的財運來臨。

▼ 逆位

你有偏財運，但並不像你想得那麼宏觀輕鬆，機會永遠都留給有準備的人，你必須經得起某些應變能力，才能讓你有機會把握進財的機會，尤其是當財運來臨的關鍵時刻，要大膽突破，好好把握不要讓機會突然消失，讓你看得到卻沒福報得到。你將輕鬆如意從這些曾經堅持努力為現在才帶來的機會，知福惜福。

編後語

　　瞭解這個世界不如先瞭解自己的世界，才不會讓自己迷失方向、虛度年華、荒廢青春，走冤枉路。人生這條路很漫長，但遲早到盡頭。人！累了感到無奈，苦了怨命，窮了認命，是因為人生太多不清不楚，讓你無法把握機會。但塔羅牌的占卜力量，讓人找到問題、解決問題，知進退、縮短奮鬥過程，受益匪淺。感恩塔羅的神準答案讓你我的生活更豐富多彩。

　　自【塔羅教學DVD十二單元】的順利出版，感謝所有參與教學課程的同學們，同時給了我很好的建議回饋，希望我能寫一本生活中最實際版本、生活化的，讓人更清楚地瞭解自己屬於塔羅牌中那張牌的主人的命運角色，如事業、感情、處境、學業、職場、際遇與財富，讓自己的人生心中有數。

於是在黃恆堉老師的薦舉指導和知青頻道出版社的大力支持下，讓我有機會再次把經驗與大家分享，也希望這本書的內容能帶給同好與喜歡的朋友們好運。我願意有更多的機會把經驗與敬愛的朋友們分享，以及相關塔羅牌方面的服務。感恩一路有大家的支持，我會繼續努力。

作者 **伍海燕**

0978283953

信箱 a0978283953@gmail.com

Line maifc.0978283953

國家圖書館出版品預行編目資料

塔羅一本通／伍海燕著.
－－第一版－－臺北市：知青頻道出版；
紅螞蟻圖書發行，2015.10
面　　公分－－(開運隨身寶；15)
ISBN 978-986-5699-68-0（平裝）

1.占卜

292.96　　　　　　　　　　　　　104018278

開運隨身寶 15

塔羅一本通

作　　者／伍海燕
發 行 人／賴秀珍
總 編 輯／何南輝
美術構成／Chris' office
校　　對／鍾佳穎、伍海燕
出　　版／知青頻道出版有限公司
發　　行／紅螞蟻圖書有限公司
地　　址／台北市內湖區舊宗路二段121巷19號（紅螞蟻資訊大樓）
網　　站／www.e-redant.com
郵撥帳號／1604621-1　紅螞蟻圖書有限公司
電　　話／(02)2795-3656（代表號）
傳　　真／(02)2795-4100
登 記 證／局版北市業字第796號
法律顧問／許晏賓律師
印 刷 廠／卡樂彩色製版印刷有限公司
出版日期／2015 年 10 月　第一版第一刷

定價 280 元　　港幣 94 元

ISBN　978-986-5699-68-0　　　　　　　　Printed in Taiwan